हानूश

हानूश

भीष्म साहनी

राजकमल प्रकाशन

ISBN : 978-81-267-0540-5

मूल्य : ₹395

पहला संस्करण : 1977
सातवाँ संस्करण : 2019

प्रकाशक : राजकमल प्रकाशन प्रा. लि.
1-बी, नेताजी सुभाष मार्ग, दरियागंज
नई दिल्ली-110 002

शाखाएँ : अशोक राजपथ, साइंस कॉलेज के सामने, पटना-800 006
पहली मंजिल, दरबारी बिल्डिंग, महात्मा गांधी मार्ग, इलाहाबाद-211 001
36 ए, शेक्सपियर सरणी, कोलकाता-700 017

वेबसाइट : www.rajkamalprakashan.com
ई-मेल : info@rajkamalprakashan.com

मुद्रक : बी.के. ऑफसेट
नवीन शाहदरा, दिल्ली-110 032

HANOOSH
Play by Bhishma Sahni

निर्मल वर्मा के लिए

दो शब्द

बहुत दिन पहले, लगभग 1960 के आस-पास मुझे चेकोस्लोवाकिया की राजधानी प्राग में जाने का सुअवसर मिला था। प्राग में घूमते हुए लगता, जैसे मैं यूरोप के किसी मध्ययुगीन काल-खंड में पहुँच गया हूँ। प्राचीन गिरजे, पुरानी वजह की सड़कें, पुराने बीयर-घर, आदि प्राग का अपना माहौल है जो भुलाए नहीं भूलता। मेरे मित्र निर्मल वर्मा उन दिनों वहीं पर थे, और चेक भाषा तथा संस्कृति की उन्हें ख़ासी जानकारी थी। सड़कों पर घूमते-घामते एक दिन उन्होंने मुझे एक मीनारी घड़ी दिखाई जिसके बारे में तरह-तरह की कहानियाँ प्रचलित थीं कि यह प्राग में बनाई जानेवाली पहली मीनारी घड़ी थी, और इसके बनानेवाले को उस समय के बादशाह ने अजीब तरह से पुरस्कृत किया था।

बात मेरे मन में कहीं अटकी रह गई, और समय बीत जाने पर भी यदा-कदा मन को विचलित करती रही। आख़िर मैंने इसे नाटक का रूप दिया जो आज आपके हाथ में है।

यह नाटक ऐतिहासिक नाटक नहीं है, न ही इसका अभिप्राय घड़ियों के आविष्कार की कहानी कहना है। कथानक के दो-एक तथ्यों को छोड़कर, लगभग सभी कुछ ही काल्पनिक है। नाटक एक मानवीय स्थिति को मध्ययुगीन परिप्रेक्ष्य में दिखाने का प्रयासमात्र है।

'हानूश' को पहली बार दिल्ली के दर्शकों के सामने 'अभियान' द्वारा, श्रीराम सेन्टर फ़ॉर आर्ट एंड कल्चर द्वारा

आयोजित प्रथम राष्ट्रीय नाटक समारोह के अवसर पर 18-19 फरवरी, 1977 को पेश किया गया। इसका निर्देशन 'अभियान' के सुयोग्य डायरेक्टर श्री राजेन्द्रनाथ द्वारा किया गया था।

रंगमंच पर इसे पेश करते समय श्री राजेन्द्रनाथ ने अनेक बहुमूल्य सुझाव दिये–नाटक की भाषा के बारे में और नाटक को और ज़्यादा चुस्त और गतिशील बनाने के लिए भी। मैंने उनके अधिकांश सुझावों को स्वीकार किया है। नाटक में से कुछेक अनावश्यक प्रसंग निकाल या बदल दिये हैं और भाषा को बोलचाल की भाषा के और ज़्यादा नज़दीक लाने की कोशिश की है। इन सुझावों के लिए मैं उनका आभारी हूँ।

उन कलाकारों तथा संयोजकों के प्रति भी जिन्होंने श्री राजेन्द्रनाथ के साथ मिलकर इस नाटक को ज़िन्दगी का जामा पहनाया है, मैं हार्दिक आभार प्रकट करता हूँ।

–भीष्म साहनी

पात्र

हानूश	
कात्या	हानूश की पत्नी
यान्का	हानूश और कात्या की बेटी
हानूश का पादरी भाई	
बूढ़ा लोहार	
ऐमिल	हानूश का दोस्त
जेकब	22-23 वर्ष का लोहार
हुसाक	व्यापारी दस्तकार
जॉन	व्यापारी दस्तकार
शेवचेक	व्यापारी दस्तकार
जॉर्ज	व्यापारी दस्तकार
टाबर	व्यापारी दस्तकार
पहला आदमी	
दूसरा आदमी	
राजा	
पहला अधिकारी	
दूसरा अधिकारी	
लाट पादरी	
एक आदमी	

पहला अंक

[साधारण-सा, मेहराबदार, मध्ययुगीन कमरा। दाईं ओर एक या दो बड़ी खिड़कियाँ। साथ में अन्दर आने का दरवाज़ा। पिछली दीवार के साथ लम्बी मेज़ जिस पर मीनारी घड़ी बनाने के तरह-तरह के पुर्ज़े, औज़ार, चक्के आदि रखे हैं तथा दीवारों पर टँगे हैं। लगता है, इसी मेज़ पर घर के लोग खाना भी खाते हैं। पिछली दीवार में अन्दर के कमरे की ओर खुलनेवाला दरवाज़ा। बाईं ओर दीवार के साथ दो-तीन कुर्सियाँ, पुराने मध्ययगीन ढंग की। कोने में दीवार पर देवचित्र।

पर्दा उठने पर पादरियों के वेश में हानूश का बड़ा भाई खड़ा है। हानूश की पत्नी उत्तेजित-सी उसके साथ बातें कर रही है।]

कात्या : मैंने आज तक आपके सामने मुँह नहीं खोला, लेकिन अब मैं मजबूर हो गई हूँ। इस तरह से यह घर नहीं चल सकता।

[पादरी भाई कमरे में टहलते हुए रुक जाता है।]

पादरी : अब तुम बड़े अनादर और तिरस्कार के साथ अपने पति के बारे में बोलने लगी हो, कात्या।

कात्या : उसमें पतिवाली कोई बात हो तो मैं उसकी इज़्ज़त करूँ। जो आदमी अपने परिवार का पेट नहीं पाल सकता, उसकी इज़्ज़त कौन औरत करेगी?

पादरी : *(ठिठककर उसकी ओर देखता है, फिर टहलने लगता है।)* हूँ!

कात्या : मामूली ताले बनाने का काम जो पहले किया करता था, अब वह भी नहीं करता। कभी दो ताले बना देता है, कभी वह भी नहीं बनाता। इस तरह क्या घर चलते हैं? सारा वक़्त घड़ी बनाने की धुन उस पर सवार रहती है। उसी की ठक्-ठक् में लगा रहता है।

पादरी : हर बात को अपनी ही नज़र से नहीं देखना चाहिए, कात्या! अगर हानूश घड़ी बनाने में क़ामयाब हो जाए तो क्या यह छोटी-सी बात होगी?

कात्या : भाई साहिब, वर्षों से इस काम के पीछे पड़ा हुआ है, अभी तक तो बनी नहीं, और जो अभी तक नहीं बनी तो अब क्या बनेगी? मेरी सारी जवानी बीत गई है—यह ठक्-ठक् सुनते हुए। अब मुझसे और बर्दाश्त नहीं हो सकता।

पादरी : ज़रा सोचो, कात्या, अगर यह क़ामयाब हो जाए तो देश में बननेवाली यह पहली घड़ी होगी।

कात्या : हानूश से यह बन चुकी। न पढ़ा, न लिखा, मामूली कुफ़्लसाज़ भी कभी घड़ी बना सकता है? बड़े-बड़े दानिशमन्द, बड़े-बड़े कारीगर घड़ी नहीं बना सके, यह क्या घड़ी बनाएगा!

पादरी : तुम तो अब इसे पहले से भी ज़्यादा दुत्कारने लगी हो, कात्या! इससे तो अच्छे-भले आदमी का भी हौसला टूट जाएगा। जहाँ सारा वक़्त दुत्कार पड़ती रहे, वहाँ कोई काम क्या करेगा?

कात्या : आप तो उसी की तरफ़दारी करेंगे। उसके बड़े भाई जो ठहरे! सच पूछें तो आप ही ने उसे बिगाड़ रखा है।

पादरी : क्यों? मैंने कैसे बिगाड़ा है?

कात्या : अगर आपने यह पुश्तैनी घर उसके नाम न लिखवा दिया होता तो यह इस वक़्त किसी काम में लगा होता। इसे अपने परिवार की चिन्ता होती। अब यह जानता

है, इसके सिर पर छत है, कात्या रो-धोकर कुछ ताले बेच आएगी...दो जून रोटी का प्रबन्ध हो जाएगा। इसे किसी बात की परवाह ही नहीं।

पादरी : *(पास आकर)* घबराओ नहीं, कात्या! यह उसके लिए मुश्किल के दिन हैं। अगर यह क़ामयाब हो गया तो तुम्हारी सब परेशानियाँ दूर हो जाएँगी। अगर हानूश के हाथ से घड़ी बन गई तो महाराज इसे मालामाल कर देंगे। इसकी शोहरत दुनिया-भर में फैलेगी। क्या यह छोटी-सी बात है? महाराज इसे अपना दरबारी तक बना सकते हैं।

कात्या : पिछले दस साल से यही सुन रही हूँ। *(तड़पकर)* मैं बहुत उपदेश सुन चुकी हूँ। क्या मैं अपने लिए उससे कुछ माँगती हूँ? घर में खाने को न हो तो मैं अपनी बच्ची को कैसे पालूँ? मुझे सभी उपदेश देते रहते हैं। मेरा बेटा सर्दी में ठिठुरकर मर गया। जाड़े के दिनों में सारा वक़्त खाँसता रहता था। घर में इतना ईंधन भी नहीं था कि मैं कमरा गर्म रख सकूँ। हमसायों से लकड़ी की खपचियाँ माँग-माँगकर आग जलाती रही।

[पिछले दरवाज़े में, कात्या की दुबली-सी, पन्द्रह साल की बेटी आकर सहमी-सी खड़ी हो जाती है।]

छह महीने तक मैं बच्चे को छाती से लगाए घूमती रही। किधर गया मेरा मासूम बेटा? मैं इसकी घड़ी को क्या करूँ? क्या मैं इससे कुछ अपने लिए माँगती हूँ? मैंने अपने लिए कभी इससे ज़ेवर माँगा है, या कपड़ा माँगा है? पर कौन माँ अपने बच्चों को अपनी आँखों के सामने ठिठुरता देख सकती है?

पादरी : ठीक है कात्या, पर पहले तो तुम्हारी गुज़र जैसे-तैसे चल ही जाती थी।

कात्या : इसने अपना काम ख़ुद चौपट किया है। ताले बनाने छोड़ दिए, कभी बनाता है, कभी दस-दस दिन नहीं बनाता। अब यहाँ दो यहूदी कुफ़्लसाज़ आ गए हैं। हमसे कोई ताले लेता ही नहीं। मैं दस ताले सुबह थैले में डालकर ले गई थी, गली-गली घूम आई हूँ, केवल एक बिका है।

यान्का : *(आगे आ जाती है, माँ का बाजू पकड़कर)* क्या बात है, माँ, बापू घड़ी बनाते हैं तो बनाने दो न! तुम रोकती क्यों हो?

कात्या : क्या बक रही है? क्या मैं तेरे बाप का हाथ पकड़े हुए हूँ? घड़ी नहीं बनाता तो और काम ही क्या करता है? बेटी को भी उसने अपने हाथ में कर लिया है।

पादरी : सारा वक़्त पीछे की ओर ही नहीं देखते रहते, कात्या। कभी भविष्य की ओर भी देखना चाहिए। सियाने कह गए हैं : पीठ अतीत की ओर और मुँह भविष्य की ओर होना चाहिए।

कात्या : सियाने यह भी कह गए हैं कि जो अतीत से सबक हासिल नहीं करता, वह वर्तमान में भी अन्धा और भविष्य में भी अन्धा बना रहता है। आप कहते हैं, मैं पीछे मुड़कर नहीं देखा करूँ, मुझे इस ब्याह में मिला क्या है? छोटी-सी थी जब मैं इसके घर ब्याहकर आई थी। घर में हानूश को कोई पूछता ही नहीं था। दुनिया में इज़्ज़त भी उसी की होती है जिसका घरवाला कमानेवाला हो। यह सभी की पूँछ बना घूमता था। और आज यह दिन आया, इसकी हालत सुधरने की बजाय और भी नीचे गिरती गई है।

यान्का : गिर कहाँ गई है माँ! घड़ी तो अब तैयार होने लगी है। कल यूनिवर्सिटी के बड़े हिसाबदान आए थे न? बापू की पीठ थपथपा रहे थे। कह रहे थे—तुमने बहुत बड़ा सवाल हल कर लिया है।

कात्या : मेरा बस चले तो इस मुई घड़ी का सारा सामान खिड़की के बाहर फेंक दूँ। जिस वक़्त देखो, घड़ी, घड़ी...।

पादरी : अगर आदमी सारा वक़्त ऊँच-नीच की ही बात सोचता रहे कात्या, तो उसके मन को शान्ति कहाँ मिलेगी?

कात्या : मुझे क्या सिखाते हो जी, मैंने यह उपदेश बहुत सुन रखे हैं। एक ही ज़िन्दगी इनसान को मिलती है, उसमें से आधी बीत गई है। बाक़ी भी रो-धोकर कट जाएगी।

पादरी : पैसेवाले कौन-से सुखी हैं, कात्या? अगर पैसे से सुख मिलता हो तो राजा-महाराजों जैसा सुखी ही दुनिया में कोई नहीं हो।

कात्या : उन्हें दुख भी कौन-सा है? अच्छा खाते-पहनते हैं, प्रजा पर राज करते हैं, लाखों पर उनकी कलम चलती है। और सुख क्या होता है? मुझसे पूछो तो हानूश को भी किस बात का दुख है? दिन-भर अपना शौक़ पूरा करता रहता है। पिसती तो मैं हूँ!

पादरी : नहीं कात्या, सच पूछो तो हानूश इस वक़्त तुमसे भी ज़्यादा परेशान है। वह जानता है कि तेरह साल बीत गए हैं और उसके काम का कोई कूल-किनारा नज़र नहीं आ रहा। उसे इस बात का भी दुख है कि वह अपने परिवार की देखभाल ठीक तरह से नहीं कर पाया। उसे अपने काम में भी कोई क़ामयाबी अभी तक नहीं मिली है।

कात्या : मैं क्या जानूँ, अगर दुख है तो छोड़ क्यों नहीं देता? किसी को खाना नसीब न हो, उसकी परेशानी तो समझी जा सकती है, पर घड़ी न बने तो कोई परेशान हो, ऐसा तो कभी नहीं सुना।

पादरी : तुम तो जानती हो कात्या, कई बार वह इस काम को छोड़ चुका है। कई बार तो मेरे सामने आकर रो चुका है कि उससे कुछ नहीं बन पा रहा।

कात्या : इसने घड़ी नहीं बनाई तो क्या दुनिया का कारोबार बन्द हो जाएगा? इसे इसमें मिलेगा क्या?

पादरी : अपने लिए कुछ हासिल करने के लिए वह थोड़े ही बना रहा है। शौक़ है, और क्या!

कात्या : घड़ियाँ बनाने का शौक़ था तो फिर ब्याह नहीं करना चाहिए था। यह नहीं हो सकता कि घर-गिरस्ती भी बनाओ और उनके खाने-ओढ़ने का इन्तज़ाम भी नहीं करो...।

पादरी : तुम नहीं जानतीं कात्या, अगर आदमी को उसकी पत्नी का विश्वास मिले तो उसके हौसले दुगुने हो जाते हैं, उसका उत्साह दुगुना हो जाता है।

कात्या : जी, मैंने बहुत सुन लिया। बच्चे तो भूखों मरते रहें और मैं उसका हौसला बढ़ाती रहूँ? मुझसे यह नहीं होगा। घर की हालत क्या आपसे छिपी है? बच्ची के चिथड़े क्या उसे नज़र नहीं आते? जाड़ों में हमारा घर गर्म नहीं हो पाता। क्या उससे छिपा है? इस हालत में मैं उसका हौसला बढ़ाती रहा करूँ?...इससे इतना-भर कहा था कि कम-से-कम दस ताले महीने में बना दिया करे ताकि घर की गुज़र चलती रहे, पर इससे इतना भी नहीं हुआ। मैं अपने कपड़े-गहने बेच चुकी हूँ। यह तो भला हो आपका कि आपने सिर छिपाने के लिए घर दे दिया है, या फिर गिरजेवाले थोड़ी-सी माली मदद दे देते हैं वरना

न जाने कहाँ-कहाँ ठोकरें खाते फिरते! *(कुछ देर रुककर)* मैं भी बड़ी मूर्ख हूँ। मैं जानती हूँ, मेरे रोने-चिल्लाने से कुछ नहीं बनेगा। पहले भी कई बार ऐसा हो चुका है। यह दस दिन के लिए घड़ी बनाना छोड़ देगा, पर ग्यारहवें दिन फिर उससे जा चिपकेगा, फिर वही कमानियाँ और छड़ और जाने क्या-क्या! मैं रो-धोकर चुप हो जाऊँगी।

पादरी : मैं तुमसे एक ख़ास बात कहने आया हूँ, कात्या! कुछ दिन पहले हानूश ने गिरजे के अधिकारियों को माली इमदाद जारी रखने के लिए दरख़्वास्त दी थी, वह... नामंज़ूर हो गई है। अब इसे गिरजे से इमदाद नहीं मिल सकेगी।

कात्या : क्या कहा? वह भी बन्द कर दी गई है? अब कमानियों-चक्करों के पैसे भी अपनी जेब से देने होंगे? हम खाएँगे कहाँ से? आप भगवान के लिए इससे कहिए, यह काम छोड़ दे। मैं हाथ जोड़ती हूँ, यह काम उसके बस का नहीं है, न ख़ुद मरे, न हमें मारे।

पादरी : यह इतना आसान नहीं है, कात्या!

कात्या : वे मदद दें भी क्यों? कोई कितनी देर तक मदद दे सकता है? जिस काम का कोई कूल-किनारा ही नज़र नहीं आए, उसमें कौन जानबूझकर धन उँड़ेलेगा? यह इसके बस का काम नहीं है, यह किसी पढ़े-लिखे आदमी का काम है। आप इसे समझाइए, अपनी ज़िन्दगी भी बर्बाद नहीं करे और हमारी भी न करे।

यान्का : तुम क्या कहती हो माँ? बापू का काम तो बन चला है। कल गणित के प्रोफ़ेसर भी कह रहे थे। नहीं, आप कुछ भी बापू से नहीं कहिए, वह घड़ी बनाएँगे और ज़रूर बनाएँगे। घड़ी एक दिन ज़रूर बनकर तैयार होगी।

कात्या : घड़ी बनेगी तब तक हम दूसरे जहान में पहुँच चुके होंगे।

यान्का : क्यों? मैं काम करूँगी, मैं अब बड़ी हो गई हूँ।

हानूश : *(बाहर क़दमों की आवाज़)* बड़ी बात यही है कि लीवर अपने-आप उठता-बैठता रहे। मैंने एक रोक लगा दी है। तुम देखोगे तो समझ जाओगे बड़े मियाँ।

[हानूश अन्दर आता है। उसके साथ बूढ़ा लोहार है।]

लो कात्या, मेरी जान, अब घड़ी नहीं बनेगी तो समझो, कभी भी नहीं बनेगी। मैंने इसकी ऐसी नब्ज़ पकड़ी है कि अब यह हिल नहीं सकती।...आदाब बड़े भाई, आप कब तशरीफ़ लाए?

[लोहार भी बड़े भाई को आदाब बजा लाता है। कात्या से]

मैं कहूँ, यह मुझे पहले क्यों नहीं सूझा? सारा दोष इस्पात का था। इसके लिए ज़्यादा लचीले धातु की ज़रूरत थी। यह नई कमानी बनवाई है। बड़े मियाँ ने अभी बनाकर तैयार की है। तीन-चौथाई लोहा, एक-चौथाई पीतल। मुझे अचानक ही सूझ गया। मैंने कहा, अगर कमानी थोड़ी और लचीली हो तो नीचे का वज़न उसे रोकेगा नहीं बल्कि वह पहले से भी ज़्यादा उठती-बैठती रहेगी।

[हानूश पीछे लम्बी मेज़ की ओर बूढ़े लोहार को लेकर चला जाता है।]

हानूश : *(घुटनों के बल बैठ जाता है और कमानी जोड़ता है)* सही है। देखो बड़े मियाँ, कमानी चलती रहे तो यह

चुफ़्ती इस गोल चक्कर के दाँतों पर बराबर आकर पड़ती रहेगी। देखा? हमें केवल यही चाहिए कि चक्कर चलता रहे। इधर आओ बड़े मियाँ, अब अन्दर झाँककर देखो। देखा?

लोहार : क्या है?

हानूश : तुम्हें नज़र नहीं आ रहा?

लोहार : समझ गया। छड़ को ऊपर से लीवर के साथ नहीं बाँधा, कमानी के साथ बाँधा है।

हानूश : बस, यही।

लोहार : इससे क्या होगा?

हानूश : इससे पेंडुलम की रफ़्तार में कभी फ़र्क़ नहीं पड़ेगा। बराबर आते-जाते एक जैसा वक़्त लेगा।

लोहार : रुकेगा भी नहीं?

हानूश : रुकेगा क्यों? थोड़ी-थोड़ी देर बाद इसे हलके-हलके झटके पड़ते रहेंगे। बिलकुल हलके-हलके धक्के।

[लोहार सिर हिलाता है।]

अगर पेंडुलम की छड़ किसी लचीली चीज़ से बँधी होगी तो नीचे पेंडुलम ज़्यादा ख़म खाएगा। और उसकी गति में कोई फ़र्क़ नहीं पड़ेगा। पर अगर किसी बड़ी चीज़ के साथ छड़ को जोड़ोगे तो फ़र्क़ पड़ने लगेगा, क्योंकि उसे रगड़ लगती रहेगी। लचीली चीज़ के साथ जोड़ने से ग़लती की गुंजाइश कम हो जाती है। *(हँसकर)* इस बात का ध्यान पहले आया होता तो दो बरस की मेहनत बेकार नहीं जाती।

[हानूश कुछ देर तक चुपचाप घड़ी पर काम करता रहता है। सहसा घड़ी की टिक्-टिक् सुनाई देने लगती है। यान्का भागकर पास

आ जाती है। कात्या और हानूश का भाई भी अपनी जगह से हिलते हैं और एक-आध क़दम हानूश की ओर लेकर खड़े हो जाते हैं।]

यान्का : चलने लगी है?

लोहार : इस तरह तो बेटी, बीसियों बार चल चुकी है। चलती है मगर फिर बन्द हो जाती है।

यान्का : अब घड़ी बन जाएगी न? क्यों बापू, अब तो बन जाएगी न? देखा माँ, फिर से टिक्-टिक् करने लगी है!

लोहार : बनेगी-बनेगी, ख़ुदा ने चाहा तो बनेगी।

यान्का : देखा माँ! सभी कह रहे हैं, बनेगी। तुम यों ही बापू पर बिगड़ती रहती हो। *(पिता के पास जाकर)* तुम कहते थे न बापू, कि जब घड़ी बनकर किसी मीनार में लगेगी तो सबसे पहले उसमें एक छोटी-सी खिड़की खुलेगी, उसमें से एक सफ़ेद रंग का लाल कलगीवाला मुर्ग़ पर फड़फड़ाएगा और बाँग देगा, फिर पाँच सन्त बारी-बारी से सामने आकर दर्शन देंगे और फिर उनके चले जाने के बाद खिड़की अपने-आप बन्द हो जाएगी और घड़ी बजने लगेगी, वक़्त बताने लगेगी। ऐसी ही घड़ी बनेगी न?

हानूश : *(यान्का के कन्धे पर हाथ रखकर)* बिटिया, यह मैंने तब कहा था जब तुम पाँच बरस की बच्ची थी और मैं भी जवानी के ख़्वाब देखा करता था। तुम्हारी माँ पूजा-प्रार्थना बहुत करती थी और तुम मुर्ग़ियों के पीछे भागती थी, इसलिए मैंने कहा था कि मैं इसमें पाँच सन्तों के पुतले भी लगा दूँगा और मुर्ग़ भी बाँग देगा। पर यान्का, मेरी बच्ची, अब तो तू सत्रह बरस की होने को आई। सन्तों के पुतलोंवाली बात तो मुझे कब की

भूल चुकी है। अब तो ध्यान केवल कमानियों और चक्करों की तरफ़ ही जाता है।

[इस बीच घड़ी की टिक्-टिक् सुनाई देती रहती है, फिर सहसा बन्द हो जाती है।]

यान्का : फिर बन्द हो गई!

हानूश : *(घूम जाता है)* शायद बोझ बढ़ गया है। क्या वजह हो सकती है?

[वह किसी उपकरण को हाथ लगाता है, टिक्-टिक् फिर शुरू हो जाती है। जितनी देर वह उस उपकरण को थामे रहता है, टिक्-टिक् जारी रहती है। छोड़ देता है तो कुछ देर बाद बन्द हो जाती है।]

बड़े मियाँ, क्या यह मुमकिन नहीं कि चक्कर के अन्दर ही दाँते बना दिए जाएँ? अगर चक्कर के ऊपर की सतह को ही काटकर उसमें दाँते बना दिए जाएँ, और चिप्पे का वज़न एक-एक दाँते पर पड़े, जैसे कुएँ की माल में होता है।

लोहार : ऐसा चक्कर तो कभी नहीं बनाया गया। इस चक्कर को बनाने में भी पूरे छह महीने लग गए थे। अब नई तरह का चक्कर बनाने लगेंगे तो बनकर तैयार कब होगा?

हानूश : *(घड़ी के सामने फिर बैठ जाता है। कुछ देर तक पेंडुलम के साथ काम करने के बाद)* आप एक काम कीजिए, बड़े मियाँ! अपनी दुकान पर से पीतल की तार उठा लाइए। मुझे एक और बात सूझी है। शायद पेंडुलम के छड़ को पीतल के तार के साथ बाँधना ज़्यादा सही बैठे।

लोहार : अच्छी बात है, देखते हैं।

[उठकर सामने आ जाता है। कात्या और पादरी के सामने मुस्कुराकर सिर हिलाता है और दाएँ हाथ के दरवाज़े से बाहर निकल जाता है। हानूश अभी भी घड़ी के सामने झुका हुआ है।]

पादरी : *(हानूश की ओर तनिक आगे बढ़कर)* तुम नए-नए चक्कर बनाने की बात सोच रहे हो हानूश, लेकिन इनके लिए पैसा कहाँ से आएगा? गिरजेवालों ने तो माली इमदाद देना बन्द कर दिया है।

हानूश : *(घूमकर देखता है, फिर उठ खड़ा होता है।)* कहिए, क्या कहा भाईजान? माफ़ कीजिए, मैं सीधा इस काम में उलझ गया। बैठिए, आप बैठिए न!

पादरी : मैं तुमसे यह कहने आया हूँ कि गिरजे के अधिकारियों ने तुम्हारी दरख़्वास्त नामंज़ूर कर दी है।

[कात्या चुपचाप यान्का को लेकर पिछले दरवाज़े से घर के अन्दर चली जाती है।]

हानूश : यह तो बड़ा मुश्किल होगा। अब जब कुछ आस बँधने लगी थी, काम थोड़ा आगे चल निकला था...।

पादरी : तुम बहुत ज़्यादा उत्तेजित रहते हो, यह ठीक नहीं। आदमी के मन में स्थिरता होनी चाहिए।

हानूश : मैं क्या करूँ भाईजान, यह काम ही ऐसा है...।

पादरी : मन शान्त रहे तो इनसान बहुत-कुछ सोच सकता है।

हानूश : आप ठीक कहते हैं, भाईजान!

पादरी : मैं तुम्हें अपनी कहूँ। एक बार गिरजे में मुझे छोटा लाट पादरी बनाने की बात चली। जब इसकी ख़बर मुझे मिली तो मैं उत्तेजित हो उठा। मेरी तो नींद हराम हो गई। सारा वक़्त आँखों के सामने छोटा लाट पादरी

ही घूमने लगा—कब मैं छोटा लाट पादरी बनूँगा और नया लबादा पहनूँगा और चाँदी का झिलमिलाता सलीब छाती पर लटकता होगा? रात को सो ही नहीं पाऊँ। कभी एक बड़े पादरी से मिलने जाऊँ, कभी दूसरे से।

हानूश : *(हँसकर)* क्या पादरी लोग भी रात को सो नहीं पाते?

पादरी : सुनो, सुनो, यही तो बता रहा हूँ। फिर एक दिन मुझे पता चला कि मेरी जगह किसी दूसरे को छोटा लाट पादरी बना दिया गया है। वह उम्र में आठ साल मुझसे छोटा था। मैं और भी ज़्यादा बेचैन हो उठा। जी चाहता था कि पादरी का बाना उतारकर जंगलों में कहीं निकल जाऊँ। पर एक दिन ऐसे ही चलते हुए मुझे अन्दर से आवाज़ आई, 'ठहर जाओ!' मैं ठहर गया। फिर आवाज़ आई, 'तू नगर के गिरजे का पादरी है—न इससे कम, न इससे ज़्यादा। तेरा काम प्रवचन देना और प्रार्थना करना है—न इससे कम, न इससे ज़्यादा।' फ़ौरन मेरे मन में स्थिरता आ गई। सारी बेचैनी दूर हो गई।

हानूश : आप क्या कहना चाहते हैं? मुझे कौन-सी नसीहत करना चाहते हैं, भाईजान?

पादरी : *(उँगली उठाकर उसे चुप रहने का इशारा करते हुए)* उस दिन से मेरे मन में शान्ति आ गई है।...और जिस दिन मेरे मन में शान्ति आई, उसी दिन से छोटा लाट पादरी बनने की मेरी सम्भावनाएँ भी बढ़ गई हैं।

हानूश : जी!

पादरी : आम तौर पर लोग यही ग़लती करते हैं कि लाट पादरी बनने से पहले ही मन-ही-मन अपने को लाट पादरी समझने लगते हैं, लाट पादरी का लाल लबादा मन-ही-मन पहले से पहन लेते हैं, पर जब उन्हें

असलियत का एहसास होता है तो अन्दर-ही-अन्दर छटपटाने लगते हैं। मैं कभी ख़्वाब नहीं देखता, सदा अपने को छोटा मानता हूँ, इसीलिए बड़े-से-बड़े ओहदे को हथिया भी लेता हूँ। मेरी क्या बिसात थी, जब मैं पादरी बना था? (*सलीब का चिह्न छाती पर बनाते हुए*) और अब भगवान की दया से...।

हानूश : आप क्या चाहते हैं, मैं क्या करूँ?

पादरी : तुम घड़ी बनाने का ख़याल छोड़ दो। तुम अपने को घड़ीसाज़ मानने लगे हो, वैसे ही जैसे मैं अपने को लाट पादरी समझने लगा था। तुम कुफ़्लसाज़ हो और अपने को कुफ़्लसाज़ ही समझो। और तुम्हारा काम कुफ़्ल बनाना है—न इससे कम, न इससे ज़्यादा!

हानूश : यह क्या कह रहे हैं, भाईजान? मेरी तेरह साल की मेहनत, और अब इसे छोड़ दूँ?

पादरी : तुमने ज़िन्दगी के तेरह साल इसमें खोए हैं, इसीलिए कह रहा हूँ कि इस काम में से निकल आओ। अभी भी वक़्त है। यह काम तुम्हारे बस का नहीं है।

हानूश : मैं घड़ीसाज़ बनने के सपने तो नहीं देखता बड़े भाई, मैं तो घड़ी बना रहा हूँ। वह कैसे बने, इसी के बारे में सोचता रहता हूँ। और कोई बात तो मेरे ज़ेहन में नहीं आती। (*हँसकर*) आप क्या कह रहे हैं? आप तो हमेशा मेरा हौसला बढ़ाया करते थे, आज क्या बात हो गई है?

पादरी : ठीक है, मैं तुम्हारी हिम्मत बँधाता रहा हूँ। पहले मैं भी सोचता था कि घड़ी बन जाएगी तो अपने ही गिरजे पर इसे लगवा दूँगा। मैंने लाट पादरी से कह भी दिया था कि घड़ी बन रही है जो भगवान के घर की शोभा बढ़ाएगी। लेकिन अब ज़ाहिर हो गया है कि यह ख़ामख़याली थी, इसे छोड़ देना ही उचित था। मैं स्वयं एक सपना देखने लगा था।

हानूश : आप मुझसे कुछ छिपा रहे हैं, बड़े भाई। साफ़-साफ़ बताइए, बात क्या है? आपने अभी-अभी कहा था कि मेरी दरख़्वास्त नामंज़ूर हो गई है। क्या सचमुच वह मेरी इमदाद नहीं करेंगे? क्या इसके अलावा और भी कोई बांत है?

पादरी : गिरजे के अधिकारियों ने माली इमदाद देने से इनकार कर दिया है, यह ठीक है। लेकिन मुख्य बात यह नहीं है। मुख्य बात है कि तुम अपने पेशे पर लौट आओ। तुम्हारा काम ताले बनाना है, घड़ी बनाना नहीं है।

हानूश : *(हताश-सा हो जाता है)* मैं ताले तो अब भी बनाता हूँ।

पादरी : मैं चाहता हूँ कि तुम केवल ताले ही बनाओ। कम-से-कम कुछ मुद्दत के लिए। *(थोड़ा चुप रहने के बाद)* अभी भी कुछ नहीं बिगड़ा है, अभी तुम्हारी उम्र ही क्या है! मेरे से तो पाँच बरस छोटे हो। और फिर, मेरा असर-रसूख इस शहर में, भगवान की दया से, अच्छा है। कहोगे तो चौक में तुम्हें दुकान ले दूँगा। दुकान पर बैठो और ताले बनाओ और बेचो। अगर ताले नहीं बनाना चाहते तो गिरजे में कहीं नौकर करवा दूँगा, चैन से पड़े रहना। गिरजे का घंटा बजाया करना। मामूली-सा काम है। लोग यह तो कहेंगे कि एक भाई छोटा लाट पादरी है और दूसरा घड़ियाल की रस्सी खींचता है, मगर कहने दो, जो कहता है।

हानूश : क्या माली इमदाद और कहीं से नहीं मिल सकती? यह काम बीच में कैसे छोड़ दूँ भाईजान?

पादरी : तुम अपनी स्थिति को पहचानो, हानूश! कात्या वक़्त से पहले बूढ़ी हो चली है। तुम अपना एक बेटा खो बैठे हो। कात्या पर सारे घर का बोझ है। तुम्हारे ताले अब बिकते नहीं, दूसरे कुफ़्लसाज़ बाज़ार में आ गए हैं। उधर कोई तुम्हें मदद देने के लिए तैयार नहीं और यह

काम माली इमदाद के बिना पूरा हो नहीं सकता। इस पर तेरह साल का लम्बा अर्सा बीत चुका है और तुम्हारा कुछ बना-बनाया नहीं।

हानूश : यह तो सही है, भाई साहिब!

पादरी : मैं यह नहीं कहता कि सदा के लिए छोड़ दो। जब तुम्हारी माली हालत सुधर जाए तो बेशक अपना शौक़ पूरा करते रहना। तब घड़ी बने या नहीं बने, तुम्हें घर की चिन्ता तो नहीं होगी।

[देर तक सोचता रहता है।]

पादरी : इसमें नुक़सान नहीं, तुम्हारा फ़ायदा है। घड़ी साल-दो साल बाद भी बन सकती है। और अगर न भी बने तो दुनिया का कारोबार बन्द नहीं हो जाएगा।

हानूश : मगर आज ऐसी क्या बात हुई है कि आपका रवैया बिलकुल बदल गया है? क्या इसलिए कि गिरजेवालों ने मदद देने से इनकार कर दिया है? मदद तो गिरजेवालों ने एक बार पहले भी देना बन्द कर दिया था, पर आपने मुझे इस काम को बन्द कर देने को नहीं कहा था?

पादरी : न तुम्हारे घर में आज आग जली है, न खाना बन पाया है। कितने दिन तक तुम इस तरह काम कर सकते हो? तुम इस तरह से चलते रहे तो कुछ भी तुम्हारे हाथ नहीं आएगा; बल्कि बिलकुल टूट जाओगे।

हानूश : मैं बाज़ार में तालों के बारे में ही बात करने जा रहा था जब रास्ते में बूढ़ा लोहार मिल गया और नई कमानी दिखाने अपने साथ ले गया। आप चिन्ता नहीं कीजिए भाई साहिब, तालों की बिक्री का इन्तज़ाम मैं कर लूँगा। मैं आज ही कुछ ताले बेच आऊँगा। जब तक बिकेंगे नहीं, घर नहीं लौटूँगा। पर आप कहीं से घड़ी के लिए माली इमदाद का इन्तज़ाम ज़रूर करवा दीजिए।

मैं यहाँ तक पहुँचकर इस काम को कैसे छोड़ दूँ?

पादरी : यह आज की बात नहीं है, हानूश! यह हर रोज़ की ज़रूरत है।

हानूश : मैं सब जानता हूँ भाई साहिब। कात्या और घर के बारे में अपने फर्ज़ को मैं भूला नहीं हूँ।

पादरी : तुम्हारे मन पर सारा वक़्त घड़ी छाई रहती है। तुम्हारा मन उस तरफ़ से हटेगा तो तुम कुछ और सोच सकोगे।

हानूश : *(हँसकर)* आपकी इजाज़त हो तो मैं अपनी इस नई कमानी की जाँच कर लूँ। अगर काम कुछ बनता नज़र आया तो ठीक, वरना आपकी दया से, सारा सामान उठाकर खिड़की से बाहर फेंक दूँगा।

पादरी : मैं कई बार सोचता हूँ हानूश, इनसान की ज़िन्दगी का मकसद क्या है!

हानूश : क्यों, क्या आज मुझसे कोई और भी भूल भी हो गई है? जब कभी मुझसे भूल हो जाए तो आप हमेशा इसी ढंग से बात शुरू करते हैं। क्या कात्या ने कुछ कहा है?

पादरी : कात्या क्या कहेगी!

हानूश : यह आपका ढंग है, भाई साहिब—उसे भी दिलासा देंगे, मुझे भी दिलासा देंगे। कात्या से कहेंगे—हौसला रख। मुझे कहेंगे—मन में स्थिरता होनी चाहिए।

पादरी : अगर मेरे बारे में तू ऐसा ही सोचता है तो मैं आइन्दा कुछ भी नहीं कहूँगा। तुम जानो और तुम्हारा काम जाने।

हानूश : नहीं, भाई साहिब, अपना-अपना स्वभाव होता है। आप अशान्ति नहीं चाहते—न घर में, न बाहर। आप स्थिरता चाहते हैं। पर स्थिरता तो भाई साहिब, पोखर के पानी में ही होती है, और कहीं तो मैंने स्थिरता नहीं देखी।

पादरी : क्या दूसरे को दुख देकर ही तुम्हारा जीवन सार्थक हो पाएगा? जब दुनिया में घड़ी नहीं थी तो भी दुनिया का

व्यापार चलता ही था न? अब तेरी घड़ी बजेगी तभी क्या दुनिया के लोग जागेंगे? अभी तक क्या दुनिया सो रही थी?

हानूश : आप मेरे काम का मज़ाक बेशक उड़ाएँ, आप मुझसे बड़े हैं, मुझ पर आपके बड़े एहसान हैं...।

पादरी : मैं तुम्हारे काम का मज़ाक नहीं उड़ा रहा, मैं तो इनसान की कमज़ोरियों की बात कर रहा हूँ। इनसान अपने काम का बहुत ऊँचा मूल्य आँकता फिरता है। कहाँ गए रोम के महल और किले? जब वे बनाए गए थे तो इनसान समझता था कि उसने दुनिया बदल दी है।

हानूश : *(हँसकर)* मैंने कब कहा है कि घड़ी बनाकर मैं दुनिया बदल दूँगा? भाई साहिब, जब भी आप मेरे साथ बात करते हैं तो मेरे अन्दर भय-सा छा जाता है। आप बड़े समझदार हैं, दुनिया देख चुके हैं, पर आपसे मिलने के बाद दिल दहल-सा जाता है। ऐसा क्यों होता है?

पादरी : हानूश, मैंने डर-डरकर ही जीवन बिताया है। और तुम देख रहे हो कि मेरा जीवन बुरे ढंग से नहीं बीता है। आज तीन गिरजे मेरे नीचे हैं और उम्मीद है, जल्दी ही मैं लाट पादरी भी बन जाऊँगा।

हानूश : ठीक है, भाई साहिब!

पादरी : इस वक़्त तो तुम्हें यह छोड़ना ही पड़ेगा। इसी में तुम्हारी और तुम्हारे परिवार की भलाई है।

[लोहार बाहर से बोलता आ रहा है :]

लोहार : लो हानूश, मैं तुम्हारी तार ले आया। लो, यह तार मिली है। ठीक है?

[कात्या पिछले दरवाज़े में आकर खड़ी हो जाती है। पादरी भाई बाएँ हाथ, जबकि हानूश सिर झुकाए कमरे के बीचोबीच खड़ा है।]

यही तार दरकार थी न? आओ, लगाओ। देखते हैं, यह तरीक़ा बेहतर है या नहीं। अरे, क्यों, क्या बात है?

हानूश : कुछ नहीं, बड़े मियाँ।

लोहार : अभी-अभी तो बड़ा चहक रहे थे। यह देख तार। ठीक है न? बोलता क्यों नहीं? मैं बूढ़ा आदमी भागता हुआ इसे लेकर आया हूँ, मेरी साँस फूल रही है, और इधर तू बुत बना खड़ा है।

पादरी : मैं चलूँगा, हानूश, तुम सोच-विचार लो, मैं दो-एक दिन में तुमसे मिलूँगा। अच्छा, बड़े मियाँ। ख़ुदा हाफ़िज़, कात्या।

[प्रस्थान]

लोहार : *(फिर से अपनी बात पर लौटते हुए।)* बोलता क्यों नहीं? क्या घड़ी को आज फिर साँप सूँघ गया है?

हानूश : नहीं बड़े मियाँ, मुझे साँप सूँघ गया है। अब इस काम से कुछ लेना-देना नहीं है।

लोहार : आगे बोल कि यह काम मेरे बस का नहीं, मैं इसे छोड़ रहा हूँ। यही न? *(दार्शनिक अन्दाज़ में)* पिछले तेरह बरस में हर तीसरे-चौथे महीने यह फ़िकरा मैं तेरे मुँह से सुन चुका हूँ कि इस काम से तुझे कुछ लेना-देना नहीं है।

हानूश : यह आख़िरी बार सुन रहे हैं, बड़े मियाँ!

लोहार : अरे, मैं तुमसे अपने पैसे माँगने तो नहीं आया। रोता क्यों है?

हानूश : वह तो आपकी दया है। आपका एहसान तो मैं कभी भुला ही नहीं सकता।

लोहार : यह फ़िकरा भी मैं सौ बार सुन चुका हूँ। सुन हानूश, तू यह काम छोड़ नहीं सकता। यह झिक-झिक भी सदा चलती रहेगी। सोमवार को कहोगे—घड़ी बनाना छोड़

दिया, मंगल को भागे-भागे मेरे पास आओगे—कमानी में कितना लोहा, कितना पीतल लगेगा।

हानूश : नहीं, बड़े मियाँ, अबकी बार पक्का फ़ैसला कर लिया है। बाक़ायदा कोई धन्धा-वन्धा करूँगा। घरवालों को बड़ी तकलीफ़ में रखा है।

लोहार : पर यह फ़ैसला चन्द मिनटों में कैसे हो गया? क्या पादरी भैया तुम्हारे सिर पर ठंडा पानी उँड़ेल गए हैं?

हानूश : अब यह काम मेरे बस का नहीं है। सच्ची बात तो यही है। मुझे पहले ही समझ लेना चाहिए था।

कात्या : *(आगे आ जाती है)* आदाब, बड़े मियाँ!

लोहार : यह मैं क्या सुन रहा हूँ, कात्या बी?

हानूश : सीधी-सी बात है बड़े मियाँ, मैंने गिरजे में दरख़्वास्त दे रखी थी, माली इमदाद के लिए। यह काम माली इमदाद के बिना नहीं चल सकता। आज भाईजान बता रहे थे कि दरख़्वास्त नामंज़ूर हो गई है। इधर घर में कमाई का एक पैसा नहीं आया।

लोहार : तो किसी दूसरी जगह दरख़्वास्त कर देखो। दरवाज़ा खटखटानेवाले का दिल पुख़्ता होना चाहिए। दरवाज़ों की तो कमी नहीं है। इस तरह दिल छोड़ देने से तो दुनिया में काम नहीं चलते। इस तरह का काम करने के लिए तो कलेजा चाहिए, गुर्दा चाहिए। *(कात्या से)* तुम क्या चाहती हो, कात्या बी?

कात्या : मैं कुछ नहीं चाहती, घरवालों के लिए दो जून रोटी चाहती हूँ!

लोहार : यह तो सही बात है।

कात्या : *(तुनककर)* सही बात है तो तुम आए दिन इसे कमानियाँ बना-बनाकर क्यों देते हो? हमारी परेशानी को देखते हुए भी इसे बढ़ावा क्यों देते हो?

लोहार : सुनो, कात्या बी, मैं हूँ तो लोहार, लोहे का काम करता हूँ, पर मैंने दिल लोहे का नहीं पाया है। हानूश इतना-सा था जब मेरी दुकान के सामने आकर खेला करता था, सारा-सारा दिन मुझे धौंकनी चलाते देखा करता था। तब भी मैं कहा करता था कि यह लड़का किसी दिन, किसी बड़े काम में हाथ डालेगा। अब जो इसने घड़ी बनाने का फ़ैसला किया तो मैंने सोचा—इसे मेरी दुकान से प्रेरणा मिली है। अब इसकी मदद नहीं करूँ तो किसकी करूँ?

कात्या : तुम्हारी मदद से कुछ बना-बनाया तो नहीं!

लोहार : क्या मालूम, यह क़ामयाब हो जाए! यह गहरे में डूबकर काम करता है। मुझे तो यक़ीन है, एक दिन ज़रूर क़ामयाबी इसके पाँव चूमेगी। और फिर...

[कात्या चुप रहती है।]

लोहार : फिर इसकी शोहरत का डंका दुनिया में बजेगा। घड़ी बजा करेगी तो सभी इसका नाम लेंगे कि हानूश की घड़ी बज रही है...*(हानूश से)* सभी की ज़ुबान पर हानूश का नाम होगा। ज़रा सोचो तो, इसको कितनी इज़्ज़त मिलेगी! देश-भर में पहली घड़ी! जो काम और कोई नहीं कर पाया, वह एक मामूली कुफ़्लसाज़ ने कर दिखाया।

कात्या : यही सब्ज़बाग़ दिखा-दिखाकर तुमने इसका दिमाग़ ख़राब कर रखा है।

लोहार : ऐसे सब्ज़बाग़ इनसान नहीं देखे तो ज़िन्दगी की वीरानियों में ही भटक-भटककर दम तोड़ दे।

[इस बीच हानूश तार को ध्यान से देखने लगा है। हानूश से]

क़ामयाब हो जाओगे हानूश, तो तुम्हारी पत्नी भी तुम्हारी इज़्ज़त करेगी। जो लोग क़ामयाब नहीं होते, उनकी पत्नियाँ सबसे ज़्यादा उन्हें दुत्कारती हैं। माफ़ करना कात्या बी, मैं सिर्फ़ तुम्हारी बात नहीं कर रहा हूँ। यह दुनिया का दस्तूर है।

कात्या : तुम सब एक ही थैली के चट्टे-बट्टे हो।

लोहार : अब तुम मेरी बात भी ध्यान से सुनो कात्या बी। यह आदमी अब न दीन का रहा है, न दुनिया का। अब न तो यह घड़ी छोड़कर कुफ़्लसाज़ी कर सकता है, न कुफ़्लसाज़ी छोड़कर घड़ी बना सकता है। यह तो गाड़ी ऐसे ही चलेगी...*(हानूश से)* गिरजेवाले वज़ीफ़ा देने से इनकार करते हैं तो और लोग मर गए हैं क्या? सरकार से दरख़्वास्त कर देखो।

हानूश : मैं किसके पास जाऊँ? मैं किसी को जानता नहीं हूँ।

लोहार : क्यों, तुम अपने हिसाबदान प्रोफ़ेसर से कहो। वह जाना-माना आदमी है। उसकी जान-पहचान के बहुत लोग होंगे, दरबार में उसका अच्छा रसूख़ होगा।

हानूश : वह कुछ नहीं करेंगे। मैंने एक बार कहा था।

लोहार : क्या कहता था?

हानूश : कहते थे, मैं किसी की सिफ़ारिश नहीं करता। मैंने यह ज़िन्दगी का उसूल बना रखा है।

लोहार : वाह जी, कुछ लोगों ने कैसे-कैसे उसूल बना रखे हैं!

हानूश : वह कहते थे कि चूँकि तुम मेरे पास सीखने आते हो, लोग कहेंगे कि इसमें ज़रूर कहीं मेरा कोई स्वार्थ होगा। अपने-अपने उसूल हैं, कोई क्या कहे!

लोहार : इधर बाहर के सौदागर आते हैं। वह तुला का सौदागर आता रहता है। वह बड़ा धनी आदमी है। उससे बात कर देखो।

हानूश : वह क्यों मुझे माली इमदाद देगा बड़े मियाँ? वह सूद पर कर्ज़ देगा, और वह भी मुझ जैसे को क्यों देगा? मेरा मकान गिरवी रख ले तो शायद कुछ उससे मिल जाए।

कात्या : ख़बरदार, जो मकान गिरवी रखने की बात मुँह पर लाए! मेरा गड़ा मुर्दा देखोगे अगर मकान गिरवी रखने की बात कहोगे!

लोहार : नगरपालिका वालों से माँग देखो। हमारे अपने दस्तकार-सौदागर इस काम के लिए, मुमकिन है, इमदाद दे दें!

हानूश : वह भी सोचा था, मगर भाई नहीं मानते।

लोहार : क्यों भला?

हानूश : इसलिए कि नगरपालिका वालों और गिरजेवालों की पटती नहीं। लाट पादरी को इन दस्तकारों से चिढ़ है। और भाई ने कहा कि इससे गिरजेवाले नाराज़ होंगे, क्योंकि अब तक गिरजे की ओर से मुझे मदद मिलती रही है।

लोहार : फिर गिरजेवाले ख़ुद दें। ख़ुद भी नहीं देते और नगरपालिका से भी नहीं लेने देते?

हानूश : भाई दूर की सोचते हैं। गिरजेवालों को नाराज़ किया तो सरकार भी नाराज़ हो जाएगी।

लोहार : वह क्यों?

हानूश : क्योंकि दस्तकार-सौदागर बड़े-बड़े सामन्तों से बिगड़े हुए हैं, और गिरजों को भी आए दिन बुरा-भला कहते हैं। इसलिए महाराज उनसे नाराज़ हैं।

लोहार : बादशाह की इसी में तो बादशाहत होती है। उसके हाथ में भगवान ने तराज़ू दे रखा है। जो भी पलड़ा भारी होता है, राजा दूसरे पलड़े का वज़न बढ़ाकर फिर से एक जैसा कर लेता है। यही नीति है। इसी को नीति कहते हैं। अब एक काम करो।

हानूश : क्या?

लोहार : तुम फिर लाट पादरी के पास अपनी दरख़्वास्त भेजो।

हानूश : अब वह कुछ नहीं करेगा।

लोहार : स्वयं भगवान भी वह काम नहीं कर सकते जो लाट पादरी कर सकता है। ऊपर भले ही भगवान की चलती हो, मगर नीचे केवल लाट पादरी की चलती है।

हानूश : मैं क्या करूँ, बड़े मियाँ? किसी के पास जाकर हाथ फैलाना मेरे लिए पहाड़ लाँघने के बराबर होता है।

लोहार : हाथ फैलाने की बात नहीं है। तुम उनसे डरते हो। तुम अफ़सरों से, पादरियों से, सभी से डरते हो।

हानूश : तुम ठीक कहते हो बड़े मियाँ, मेरी कमज़ोरियाँ मुझे आगे बढ़ने नहीं देतीं।

लोहार : *(मुस्कुरा देता है और हानूश के कन्धे पर हाथ रख देता है)* हम सब में कमज़ोरियाँ होती हैं, हानूश! पर हम अपना काम अपनी कमज़ोरियों के बावजूद करते हैं।...क्यों, क्या सोच रहे हो?

हानूश : हमें जो मिला, नसीहत करनेवाला ही मिला। भाई हैं तो वह नसीहत करते हैं, बीवी है तो वह नसीहत करती है, आप हैं तो आप नसीहत करते हैं। आख़िर इस छोटे-से दिमाग़ में कितनी नसीहत समा पाएगी? आप लोग कुछ दिन के लिए मुझे मेरे हाल पर छोड़ दें तो मुमकिन है मेरी अक़्ल कुछ काम करने लगे।

लोहार : तुम बुरा मान गए, हानूश। मेरा मतलब तुम्हें नसीहत करने का नहीं था। मैं एक ही बात चाहता हूँ और वह यह कि घड़ी बनाने का काम नहीं छोड़ना, भले ही दुनिया इधर से उधर हो जाए। पैसे की वजह से बिलकुल भी नहीं छोड़ना। हम लोग मर नहीं गए

हैं। वज़ीफ़े का कहीं इन्तज़ाम नहीं हुआ तो मैं लोहारों की जमात से तुम्हें पैसा इकट्ठा करके ला दूँगा। लोहार कभी इनकार नहीं करेंगे। तुम बेधड़क होकर अपना काम जारी रखो।

[बाहर दूर शोर सुनाई देता है। सहसा ऐमिल अन्दर आ जाता है।]

ऐमिल : अरे हानूश, बाहर तो बड़ा शोर है और तुम लोग यहाँ मज़े से बातें कर रहे हो! तुम्हें कुछ मालूम नहीं कि बाहर क्या हो रहा है?

हानूश : क्या हुआ है? हमने ध्यान नहीं दिया।

ऐमिल : लगता है, कोई आदमी चोरी करके भाग गया है।

कात्या : कौन था?

ऐमिल : मैं नहीं जानता। शायद बाहर से कोई आया था।

यान्का : कहाँ पर चोरी की है, क्या चुराया है?

ऐमिल : *(हँसता है)* किसी पादरी के घर के पिछवाड़े से एक छोटा-सा सुअर उठाकर भाग गया है।

लोहार : यह चोरी तो कोई चोरी नहीं हुई। यह तो बड़ा सवाब का काम हुआ।

ऐमिल : सरकार के आदमियों ने किसी ग़लत आदमी को पकड़ लिया है और इस पर बाज़ार में शोर मच गया है। असली चोर, लगता है, भाग गया है।

हानूश : जिसे पकड़ा है, क्या उसके पास भी सुअर था?

ऐमिल : *(हँसते हुए)* था तो, लेकिन लगता है, चोर भागते समय सुअर को फेंक गया था, और इस आदमी ने उसे उठा लिया है और पकड़ा गया है।

कात्या : विधर्मी लोग लोगों को पादरियों के खिलाफ़ भड़काते फिरते हैं, और क्या? वरना पादरी के घर में चोरी करने का क्या मतलब था?

ऐमिल : तुम्हें ख़ूब सूझी कात्या! तुम हर बात में विधर्मियों को ले आती हो। एक आदमी चोरी करके भाग गया, इसमें विधर्मियों का क्या दोष?

लोहार : अगर बेचारे ने एक सुअर उठा भी लिया तो कौन-सा ज़ुल्म हो गया? बीसियों सुअर पादरी के पेट के अन्दर जा चुके हैं, एक न गया तो इससे वह दुबला नहीं हो जाएगा।

कात्या : तुम लोग कैसी बातें करते हो? *(सलीब का निशान बनाती है)* तुम पर भी जान हुस्स का असर हो गया है। जब मिलते हो, पादरियों और गिरजे की निन्दा करते हो।

ऐमिल : इसमें जान हुस्स को क्यों घसीट लाई हो, कात्या?

कात्या : तुम दोनों सारा वक़्त पादरियों की खिल्ली उड़ाते रहते हो। मुझे अच्छा नहीं लगता। उसने पादरी के घर चोरी क्यों की?

[हानूश, लोहार और ऐमिल हँस देते हैं।]

हानूश : ग़लत भी क्या कहता है, कात्या? क्या गिरजेवालों ने बेहद दौलत इकट्ठी नहीं कर ली? क्या कोई दुनिया में ऐब है जो पादरी लोग नहीं करते? अगर वे लोग अच्छे और नेक हों तो क्योंकर उन पर कोई उँगली उठाएगा? जान हुस्स भी तो यही कहता है।

कात्या : अच्छे हैं, बुरे हैं, तुम्हें क्या? एक तरफ़ तो उनसे वज़ीफ़ा माँगते हो, दूसरी तरफ़ उन्हें बुरा-भला कहते हो।

हानूश : उनसे वज़ीफ़ा लेने में मेरा कोई अपना स्वार्थ थोड़े ही है। इस तरह के काम अकेले आदमी की तौफ़ीक के नहीं होते।

लोहार : ज़माना बड़ा नाज़ुक जा रहा है, कात्या बी! और राजा कभी किसी का दोस्त नहीं होता। वह कभी एक की पीठ थपथपाता है तो कभी दूसरे की। वह देखेगा कि दस्तकार सिर उठाने लगे हैं तो वह सामन्तों और गिरजेवालों की पीठ थपथपाएगा। जब देखेगा कि गिरजेवाले सिर उठा रहे हैं तो दस्तकारों की पीठ थपथपा देगा। यह नीति है, कात्या बी।

यान्का : आप बड़े वक़्त पर आए हैं ऐमिल चच्चा। बापू आज से घड़ी नहीं बनाएँगे।

ऐमिल : क्यों, क्या आज कोई ख़ास बात हुई है? *(हैरान होकर)* तुम रोती रही हो यान्का?

यान्का : गिरजेवालों ने वज़ीफ़ा देना बन्द कर दिया है। सुबह पादरी चाचा आए थे। उन्होंने भी कहा कि घड़ी का काम आगे नहीं बढ़ रहा है, इसे छोड़ देना चाहिए। माँ से झगड़ा भी हुआ था।

ऐमिल : *(प्यार से यान्का का कन्धा थपथपाते हुए और हानूश की ओर देखते हुए)* फिर? क्या अब घड़ी नहीं बनेगी? क्यों हानूश? क्या वज़ीफ़े की दरख़्वास्त नामंज़ूर हो गई?

[हानूश सिर हिलाता है।]

कात्या : क्या मालूम, गिरजेवालों को मालूम हो गया हो कि तुम लोग पादरियों की निन्दा करते रहते हो और इसलिए उन्होंने वज़ीफ़ा देने से इनकार कर दिया हो!

ऐमिल : हम पादरियों की बुराई नहीं करते। हानूश का भाई भी तो पादरी है। हम तो गिरजों में पाए जानेवाले भ्रष्टाचार की बुराई करते हैं।

कात्या : तुम्हें किसी की बुराई करने की ज़रूरत ही क्या है? तुम्हें अपने काम से मतलब होना चाहिए। वज़ीफ़ा

बन्द हो गया तो तुम्हारा ही नुक़सान हुआ। और किसी का तो नहीं हुआ?

[घड़ी की टिक्-टिक् फिर से सुनाई देने लगी है। हानूश फिर अपने काम में खो गया है। कात्या और ऐमिल घूमकर देखते हैं। फिर वह निराश-सा घड़ी को बन्द कर देता है और तार को ताक पर रख देता है।
बाहर क़दमों की आवाज़। कोई आदमी भाग रहा है। सहसा दरवाज़ा खुलता है। जेकब दहलीज़ पर खड़ा है। लगभग 22-23 वर्ष का युवक, फटेहाल लेकिन प्रभावशाली।]

ऐमिल : कौन हो तुम? क्या बात है? यहाँ कैसे आए हो?

जेकब : क्या यहाँ पर थोड़ी देर के लिए मुझे पनाह मिल सकेगी?

ऐमिल : क्यों, क्या बात है? क्या तुमने कोई जुर्म किया है?

जेकब : मैंने कोई जुर्म नहीं किया, लेकिन अधिकारी मेरा पीछा कर रहे हैं।

ऐमिल : यह क्या बात हुई? क्या तुम्हीं ने सुअर चुराया है?

[हानूश मेज़ पर से आगे आ जाता है।]

जेकब : मेरा नाम जेकब है। मैं काम की तलाश में हूँ।

ऐमिल : काम की तलाश में आए हो तो इतने घबराए हुए क्यों हो? पनाह क्यों माँग रहे हो? तुम्हारी साँस क्यों फूल रही है?

जेकब : मैंने पादरी के घर से सुअर उठाया था।

लोहार : उठाया था या चुराया था?

कात्या : देखा! बात निकल आई। कब चुराया था?

जेकब : तीन बरस हुए, चुराया था।

ऐमिल : तीन बरस? क्या आज शाम नहीं चुराया था?

हानूश : तीन बरस पहले का जुर्म आज क्यों सुना रहे हो?

जेकब : मैं उसके लिए तीन साल तक क़ैदखाने में रहा हूँ। इसीलिए...

हानूश : सुअर चुराने के लिए तीन साल तक जेल में रहे हो?

जेकब : ...जी!

ऐमिल : पादरी का सुअर चुराया होगा। किसी किसान का चुराया होता तो इतनी सज़ा नहीं मिलती। क्या वह किसी पादरी का था?

जेकब : हाँ!

ऐमिल : जेल से भागकर आ रहे हो या छूटकर?

जेकब : छूटकर।

ऐमिल : कब छूटे थे?

जेकब : चार दिन पहले।

ऐमिल : अगर छूटकर आए हो तो यहाँ छिपते क्यों फिरते हो? पनाह क्यों माँग रहे हो? और चार दिन पहले छूटे थे तो अपने गाँव क्यों नहीं चले गए? यहाँ क्या कर रहे हो?

जेकब : मैं यहाँ किसी काम-धन्धे की तलाश कर रहा हूँ। इसीलिए अपने गाँव नहीं गया।

ऐमिल : आज शाम क्या हुआ था?

जेकब : *(तनिक झेंप जाता है)* मैं लोहार की दुकान पर काम की तलाश में गया था। लोहार वहाँ पर नहीं था तो उसके कारिन्दों ने मुझे यहाँ भेज दिया। यह हानूश कुफ़्लसाज़ का घर है न?

ऐमिल : मगर तुम्हारी साँस क्यों फूल रही है? क्या कोई वारदात हुई है?

जेकब : मैं गली का मोड़ काट रहा था जब एक सरकारी अफ़सर ने घूरकर मेरी तरफ़ देखा। वह मुझसे कुछ

पूछना चाहता था, मुझे ऐसा ही लगा। पर मैं डर गया। सरकारी अधिकारियों से मैं बहुत डरता हूँ। तीन साल जेलख़ाने में बिता चुका हूँ। इसलिए मैं नज़र बचाकर भाग खड़ा हुआ। दो गलियाँ लाँघकर मैंने पीछे देखा तो कोई नहीं था, कोई भी मेरा पीछा नहीं कर रहा था।

[ऐमिल और हानूश एक-दूसरे की तरफ़ देखते हैं।]

हानूश : *(खिड़की की ओर जाकर बाहर देखते हुए)* कोई नहीं। बाहर कोई नहीं।

ऐमिल : गाँव में क्या काम करते थे?

जेकब : गाँव में एक लोहार के पास काम करता था। वह घोड़ों के एड़ लगाता था और घोड़ागाड़ियों की मरम्मत करता था।

हानूश : कमानी भी बनाता था?

जेकब : जी, घोड़ागाड़ी के लिए कमानी भी बनती है।

हानूश : किस धातु की बनाता था?

जेकब : जी, लोहे में थोड़ा पीतल मिलाकर ही बनती है।

हानूश : सिर्फ़ लोहे की क्यों नहीं बनती?

जेकब : जी, सिर्फ़ लोहे की बनाओ तो बड़ी बोझल बनती है—उसमें लचक नहीं होती।

हानूश : और सिर्फ़ पीतल की क्यों नहीं बनाता था?

जेकब : सिर्फ़ पीतल की कमानी बनाओ तो बड़ी जल्दी टूट जाती है। कमानी तो ऐसी होनी चाहिए जो बोझ को बर्दाश्त करने पर लचक जाए, मगर टूटे नहीं। यह क्या बन रहा है?

ऐमिल : यह घड़ी बन रही है।

जेकब : घड़ी क्या?

ऐमिल : घड़ी, जो वक़्त बताती है। जानते हो, क्या होती है?

जेकब : जी नहीं।

ऐमिल : बस, यही घड़ी बन रही है। इसे मेरे दोस्त बना रहे हैं। यही इस घर में रहते हैं। इन्हीं का नाम हानूश है। मगर लोहार, जिससे तुम मिलने आए हो, यहाँ पर नहीं है। वह अभी-अभी यहाँ से गया है।

जेकब : जी, मुझे आप अपने पास रख लीजिए। मैं आपके साथ काम करूँगा।

हानूश : मेरे पास अपने खाने को कुछ नहीं, तुम्हें क्या खिलाऊँगा? और फिर मुझे मालूम नहीं, मैं यह काम करूँगा भी या नहीं।

कात्या : *(आगे बढ़कर)* तुम इसे रख लो, हानूश!

हानूश : क्या कह रही हो कात्या?

कात्या : तुम इसे रख लो। लड़का समझदार जान पड़ता है।

हानूश : अभी-अभी तो कह रही थीं कि घड़ी बनाने का काम ही छोड़ दो और अब इस काम के लिए एक शागिर्द भी रख लूँ?

कात्या : तुम इसे रख लो! *(जेकब से)* तुम गाँव में लोहार के पास काम करते थे न?

जेकब : जी!

कात्या : क्या ताले बनाना जानते हो?

जेकब : ताले? नहीं। गाँव का लोहार तो घोड़ागाड़ियों का काम करता था।

कात्या : *(हानूश से)* तुम इसे रख लो। तुम इसे ताले बनाना सिखा दो। इसे मैं ताले बनाने के काम पर लगा लूँगी। यह बनाएगा और मैं बेच आया करूँगी। तुम इसे रख लो।

हानूश : इसे खिलाओगी कहाँ से?

कात्या : इसकी तुम्हें क्यों चिन्ता होने लगी? मैं इसका प्रबन्ध कर लूँगी।

हानूश : तुम भी अजीब बातें करती हो, कात्या! अभी तो मुझे कोस रही थीं कि घड़ी की वजह से तुम्हारा घर बर्बाद हो गया और अब...?

कात्या : तुम इसे ताले बनाना सिखा दो, मैं इसे ताले बनाने के काम पर लगा लूँगी। तुम इसे रख लो।

हानूश : अपने खाने का ठिकाना नहीं, इसे कहाँ से खिलाओगी? और मैंने कह जो दिया है कि मैं घड़ी के काम में अब हाथ नहीं डालूँगा।

ऐमिल : कात्या ठीक कहती है, यह आदमी तुम्हारे काम आएगा। *(जेकब से)* चलो, मैं तुम्हें लोहार से मिला दूँ। आज रात तुम उसी के यहाँ रहोगे। कल चले आना। *(यान्का से)* यान्का; तुम भी चलो मेरे साथ। मैं तुम्हें घर के लिए थोड़ी रसद दूँगा। वह लेती आना।

[ऐमिल, जेकब और यान्का का प्रस्थान]

कात्या : सुनो, हानूश! मैं जानती हूँ, तुम काम नहीं छोड़ोगे। मैं घर की दो जून रोटी का तो इन्तज़ाम करूँ। तुम मुझे कब समझोगे, हानूश? मेरा बस चले तो मैं घर की सारी देखभाल अपने सिर पर ले लूँ। यह थोड़ा-सा ताले बनाने का काम भी जो तुम पर बोझ है, तुम पर से हटा लूँ और तुम्हें खुला छोड़ दूँ, फिर जो मन में आए, करो। मुझसे पूछो तो तुम्हारा ब्याह करना ही भूल थी। ब्याह करके न तुमने सुख पाया, न मैंने।

हानूश : क्या तुम सचमुच मेरे साथ बहुत दुखी रही हो, कात्या?

कात्या : इस तरह से मुँह लटका लेने से क्या लाभ? मैं जानती हूँ, तुम दिल के बुरे नहीं हो। पर तुम्हारी यह अच्छाई हमारे किस काम की? मैं तुम्हें सच-सच बताऊँ हानूश?

हानूश : *(कात्या की ओर देखता है)* क्या, कात्या?

कात्या : तुम परले दर्जे के स्वार्थी हो। तुम्हें सारा वक़्त अपने काम से मतलब रहता है—हम जिएँ-मरें, तुम्हारी बला से।

हानूश : यह स्वार्थ नहीं है, कात्या। मैं अपने लिए नहीं करता।

कात्या : यह स्वार्थ नहीं तो और क्या है? पैसे के लिए करते हो, या नाम कमाने के लिए? पैसे के लिए करते तो इतने स्वार्थी नहीं होते। तुम्हारे पैसों से परिवार का पेट तो पलता।

हानूश : तुम ऐसी बातें कहकर मेरा बचा-खुचा विश्वास भी छीन लेती हो।

कात्या : मैं तुमसे कुछ नहीं कहती, हानूश! जो तुम्हारे मन में आए, करो। मैंने अगर इस लड़के को रखा है तो इसलिए कि तुम्हें घर की ज़िम्मेदारी से बिलकुल छुटकारा मिल जाए। यह ताले बना दिया करेगा और मैं बेच आया करूँगी। तुम्हारा जो मन आए, करो।

हानूश : *(उसे अपनी बाँहों में लेते हुए)* तुम्हें मेरे साथ बहुत दुख झेलने पड़े, है न, कात्या?

कात्या : अब तुम आज़ाद हो। अपने वज़ीफ़े का इन्तज़ाम करो और घड़ी बनाओ। मैं तुमसे कभी कुछ नहीं कहूँगी। तुम उसी से निबटो तो बहुत बड़ी बात है।...न जाने यान्का कब लौटेगी! ऐमिल को हमारा ध्यान आया तो रसद देने के लिए यान्का को साथ ले गया।...कभी कोई ख़ैरात दे देता है, कभी कोई...

[धीरे से हानूश से हटकर पिछले कमरे की ओर आँसू पोंछते हुए चली जाती है। हानूश कुछ देर तक कमरे के बीचोबीच खड़ा रहता है, फिर पीछे अपनी मशीन की ओर

चला जाता है। मशीन की टिक्-टिक् कभी धीमी तो कभी ऊँची बराबर सुनाई देने लगती है।

वह मशीन पर झुक जाता है। थोड़ी देर बाद कात्या सिर ढके प्रार्थना करने के लिए जलती मोमबत्ती हाथ में लिये आती है और स्टेज के बाएँ सिरे पर लगी देव-प्रतिमा के सामने बत्ती जलाने के बाद सिर झुकाए प्रार्थना करती है।]

[पर्दा गिरता है।]

दूसरा अंक

दृश्य : 1

[नगरपालिका का हॉल कमरा। पिछली दीवार में दाएँ और बाएँ गोलाकार खिड़कियाँ। बीच में लम्बी मेज़। दीवार पर अलग-अलग दस्तकारी संगठनों के व्यवसाय-चिह्न। मीटिंग से पहले, धीरे-धीरे नगरपालिका के सदस्य इकट्ठे हो रहे हैं। पर्दा उठने पर चार सदस्य पहुँच चुके हैं। उनमें से एक, नाटे क़द का गठे हुए शरीर का व्यापारी जॉन ऊपर-नीचे टहल रहा है। हुसाक दाएँ हाथ की खिड़की में से बाहर देख रहा है। बाक़ी दो सदस्य, दाएँ हाथ की दीवार के साथ कुर्सियों पर बैठे बातें कर रहे हैं।

हुसाक बाहर का दृश्य देखने के बाद गोलाकार खिड़की की जाँच करता है। फिर पीछे की ओर क़दम रखता हुआ हॉल कमरे के बीचोबीच आ जाता है। उसकी पीठ दर्शकों की ओर है।]

हुसाक : यही, खिड़कीवाली जगह ही ठीक रहेगी। एक तो कोने में है, दूसरे, बाहर की तरफ़ मैदान में खुलती है।

[खड़ा हो जाता है।]

जान : खिड़कियाँ बाहर की तरफ़ ही खुलती हैं, और कहाँ खुलती हैं?

हुसाक : मतलब कि मैदान में टहलनेवाले लोग भी और दाईं ओर की सड़क पर चलनेवाले लोग भी इसे देख सकते हैं। मैं सोचता हूँ, घड़ी यहीं पर लगाई जाए। इससे

मैदान में दूर-दूर तक खड़े लोग भी उसे देख सकेंगे। लगता है, खिड़की बनाई ही इस काम के लिए गई थी।

जान : लेकिन क्या यह जगह छोटी नहीं होगी? इतनी-सी जगह में घड़ी समा पाएगी? मैंने सुना है, उसकी मशीन काफ़ी बड़ी है।

हुसाक : घड़ी खिड़की में फ़िट हो और उसकी मशीन यहाँ पीछे तक आ सकती है। इतनी जगह और घेर ली जाए और यहाँ पर दीवार चुन दी जाए।

जान : लेकिन अभी इसका वक़्त तो आए। पहले बादशाह सलामत से मंज़ूरी तो मिले।

हुसाक : मंज़ूरी मिलने में क्या दिक़्क़त होगी? मंज़ूरी अब फ़ौरन मिल जाएगी।

जान : कुछ नहीं कहा जा सकता। बादशाह सलामत बिगड़ जाएँ तो बिगड़ जाएँ। आजकल तो लाट पादरी की चलती है। बादशाह सलामत उसी की सुनते हैं। न जाने आजकल क्या साज़-बाज़ चल रही है!

हुसाक : बादशाह सलामत हमारे यहाँ, नगरपालिका में आ रहे हैं। अभी इसमें एक महीना बाक़ी है।

जान : उनकी इजाज़त मिल जाए तो इस बीच यहाँ घड़ी लगाई जा सकती है। घड़ी से उनका स्वागत हो, कितनी बढ़िया बात होगी!

हुसाक : तुम्हें तो हमेशा चापलूसी की ही बातें सूझती हैं।

जान : इसमें चापलूसी की क्या बात है?

शेवचेक : *(दीवार के साथ बैठे-बैठे वहीं से बोल पड़ता है)* उस दिन यहाँ बहुत-सी बातों का फ़ैसला हो जाएगा।

हुसाक : क्या मतलब?

शेवचेक : इस बात का भी कि दरबार में हम सनअतकारों के कितने आदमी बैठेंगे। बैठेंगे भी या नहीं। बड़े वज़ीर

के पास कल हमारे नुमाइंदे गए थे। जानते हो, क्या हुआ?

जान : क्या हुआ?

शेवचेक : बड़े वज़ीर ने खड़े-खड़े ही हमें विदा कर दिया। बैठने तक के लिए नहीं कहा। इधर हम अन्दर दाख़िल हुए, उधर हम बाहर जा रहे थे। ऐसा हुआ हमारा स्वागत।

जान : इसी से हमें समझ लेना चाहिए कि बादशाह सलामत का रुख़ नगरपालिका की तरफ़ अच्छा नहीं है।

शेवचेक : सामन्तों की लाट पादरी के साथ फिर से साज़-बाज़ चलने लगी है। वे नहीं चाहते कि दरबार में हम लोगों को नुमाइंदगी मिले। और वही लोग बादशाह सलामत पर दबाव डालकर अपनी बात मनवा लेंगे।

जान : बादशाह सलामत तो लाट पादरी के हाथ में कठपुतली बने हुए हैं।

जार्ज : *(दीवार के पास से उठकर सामने आते हुए)* मैंने सुना है, पाँच बड़े सामन्त कल रात शहर में आए थे। पाँचों के पाँचों लाट पादरी से मिलने सीधे गिरजाघर पहुँच गए। बादशाह सलामत के महल में नहीं गए। पता चला कि चुपके से आए और सुबह होने से पहले ही चुपके से निकल भी गए। किसी को कानोंकान ख़बर तक नहीं हुई।

शेवचेक : बादशाह सलामत सबकुछ जानते-समझते हुए भी बेख़बर बने हुए हैं।

जान : तुमसे किसने कहा कि सामन्त आए थे?

जार्ज : पुल पर के चौकीवालों ने। उनमें से एक बूढ़े लोहार के रिश्ते का है।

जान : क्या कहता था?

जार्ज : उसने कहा कि गहरी रात गए घुड़सवारों का एक टोला पुल पर आया और पुल खोलने की माँग की। उनके

पीछे-पीछे दो बन्द घोड़ागाड़ियाँ थीं। जब चौकीवालों ने पुल खोलने से इनकार किया तो पहले तो घुड़सवारों ने धमकी दी और फिर सिक्कों की एक थैली चौकी के मेज़ पर फेंक दी। पुल फ़ौरन खोल दिया गया और दोनों घोड़ागाड़ियाँ पुल पार कर गईं।

शेवचेक : कुछ और लोगों ने भी कहा है कि कल रात देर तक लाट पादरी के घर में बत्तियाँ जलती रहीं और बाहर घोड़ागाड़ियाँ खड़ी थीं।

जार्ज : चौकीवालों का कहना है कि सुबह पौ फटने से पहले वही घुड़सवार और घोड़ागाड़ियाँ लौटकर आईं और पुल पार करके देहात की ओर निकल गईं। अगर बादशाह सलामत से मिलने आए होते तो इन्हें इस तरह की पूछताछ करने की कोई ज़रूरत नहीं थी।

हुसाक : हालात बिगड़ रहे हैं। किसी दिन कुछ भी हो सकता है।

शेवचेक : अगर सामन्तों और लाट पादरी की साज़-बाज़ चलती रही तो ये हम सौदागरों-सनअतकारों को कहीं का नहीं छोड़ेंगे।

जार्ज : हम लोग हाथ-पर-हाथ रखकर तो नहीं बैठ सकते।

शेवचेक : इसीलिए मैं कहूँगा कि नगरपालिका पर घड़ी लगाकर बादशाह सलामत का स्वागत करें। दरबार में हमें नुमाइंदगी मिलनी चाहिए, कम-से-कम हमारे आठ आदमी तो दरबार में बैठें। बादशाह सलामत ख़ुश होंगे तो हमारी दरख़्वास्त मंज़ूर कर देंगे। इस मौक़े पर जैसे भी हो, बादशाह सलामत के सामने अपनी दरख़्वास्त पेश करो, और उन्हें इस बात का एहसास भी करा दो कि शहर के सौदागर-सनअतकार दबनेवाले नहीं हैं। वे अपना हक़ माँगते हैं और उनकी माँग जायज़ है।

जार्ज : मैं तो कहूँगा कि उस दिन जब बादशाह सलामत नगरपालिका में तशरीफ़ लाएँ तो शहर के सभी सौदागर-सनअतकार, दुकानदार रास्ते के दोनों तरफ़ कतार बाँधकर खड़े हो जाएँ। देहात में से दस्तकारों को भी बुला लो। इससे सामन्तों और गिरजेवालों को हमारी ताक़त का भी अन्दाज हो जाएगा, और बादशाह सलामत भी ख़ुश हो जाएँगे।

हुसाक : इसका उल्टा असर भी पड़ सकता है।

जार्ज : क्या उल्टा असर पड़ सकता है?

हुसाक : बादशाह सलामत समझें कि हम लोग उनकी हुकूमत के खिलाफ़ आवाज़ उठा रहे हैं, उन पर दबाव डाल रहे हैं।

शेवचेक : बादशाह सलामत को तो इस पर ख़ुश होना चाहिए कि सामन्तों और लाट पादरी के गठजोड़ से टक्कर लेनेवाले लोग मौजूद हैं। इससे तो बादशाह सलामत के हाथ मज़बूत होंगे।

जान : तुम तो बादशाह सलामत को जानते हो। जो उन पर दबाव डाले, उसी की बात मानी जाती है।

हुसाक : तुम भूल करते हो। बादशाह सलामत सब जानते-समझते हैं।

जान : अगर जानते-समझते हैं तो उन्हें वह बात करनी चाहिए जिसमें प्रजा का भला हो, जिसमें इन्साफ़ हो।

जार्ज : राजा प्रजा की भलाई नहीं, अपनी भलाई पहले देखता है। महाराज यही चाहते हैं कि गिरजे के अधिकारी भी उनके सामने हाथ बाँधे खड़े रहें और हम सौदागर-सनअतकार भी।

जान : ठीक है, और बादशाह सलामत कभी हमें जूता दिखाएँ, कभी गिरजेवालों को। जार्ज ठीक कहता है, बादशाह इन्साफ़ को नहीं, ताक़त को देखता है।

हुसाक : उस दिन बहुत-सी बातें साफ़ हो जाएँगी, बादशाह सलामत के रुख़ का भी पता चल जाएगा।

शेवचेक : इसीलिए मैं कहता हूँ, नीति से काम लो। बादशाह सलामत को ख़ुश भी करो और उन पर दबाव भी डालो। कम-से-कम उन्हें दस्तकारों की ताक़त का अन्दाज़ा तो हो जाए। मैं तो समझता हूँ, दरबार में आठ की बजाय बारह की नुमाइंदगी माँगो।

हुसाक : उतना माँगो जितना मिल सके। कहाँ तो दरबार में एक भी नुमाइंदा नहीं, और कहाँ अब बारह-बारह माँगने जा रहे हैं।

शेवचेक : क्यों, बादशाह सलामत दरबार में सामन्तों की तादाद कम कर दें?

जान : बादशाह सलामत उनकी तादाद कम नहीं करेंगे। हाँ, दरबार के कुल नुमाइंदों की तादाद बढ़ा देंगे।

हुसाक : मैं समझता हूँ, बादशाह सलामत हमारी दरख़्वास्त मंज़ूर कर लेंगे। बारह तो नहीं, लेकिन आठ आदमी हमारे ले लिये जाएँगे। पूछो, क्यों? इसलिए कि बादशह सलामत को इस वक़्त हमारी ज़रूरत है। उन्हें सामन्तों की तरफ़ से ख़तरा पैदा हो गया है। कुछ सामन्त बाहर के देशों से साज़-बाज़ करने लगे हैं। उन्हें धत्ता बनाने के लिए तुम्हारी नुमाइंदगी मंज़ूर कर लेंगे।

जान : वह उसी हालत में जब बादशाह सलामत दबें नहीं। अगर लाट पादरी से दब गए या सामन्तों ने आँखें दिखाईं और दब गए तो हमें लेने-के-देने पड़ जाएँगे।

[सहसा टाबर का प्रवेश]

टाबर : सुना तुम लोगों ने?

जान : क्या है? कोई बुरी ख़बर लाए हो? टाबर, कभी अच्छी ख़बर भी लाया करो।

टाबर : फ़ैसला हुआ है कि हानूश की घड़ी बड़े गिरजे पर लगाई जाएगी।

[चारों सौदागर एक-दूसरे की ओर देखते हैं।]

जान : लो, सुनो। तुम्हें किसने कहा?

शेवचेक : *(सिर हिलाकर)* देख लिया?

जार्ज : इसी बात का मुझे डर था।

जान : तुम्हें किसने बताया?

टाबर : मुझे अभी-अभी हानूश का बड़ा भाई मिला था। वह पादरी है न, उसी ने बताया।

[सभी चुप हो जाते हैं। जान ऊपर-नीचे टहलने लगता है।]

जान : मैंने कहा था न!

हुसाक : यह तो बहुत बुरी बात है। सारी बात ही खटाई में पड़ गई।

जार्ज : मगर यह कैसे हो सकता है? हानूश ने ख़ुद मुझसे कहा था कि वह चाहता है कि घड़ी नगरपालिका पर लगे।

जान : उसके चाहने-न चाहने से क्या होता है?

शेवचेक : हम यह नहीं होने देंगे। *(उत्तेजित होकर)* वर्षों तक वज़ीफ़ा तो नगरपालिका दे और घड़ी गिरजे पर लगे, नामुमकिन है। पिछले पाँच साल से नगरपालिका हानूश को वज़ीफ़ा दे रही है। अब घड़ी तैयार हो गई है तो गिरजेवाले मालिक बन बैठे हैं। जब हानूश को माली इमदाद की ज़रूरत थी उस वक़्त लाट पादरी कहाँ था?

जार्ज : ठीक बात है। घड़ी तो नगरपालिका के अनुदान से बनी है। हम कह सकते हैं कि यह घड़ी नगरपालिका ने अपने ख़र्च से बनवाई है और इसलिए यह नगरपालिका की मिल्कियत है। जहाँ नगरपालिका चाहेगी, वहीं उसे लगाया जाएगा।

जान : अगर लाट पादरी ने कह दिया है कि घड़ी गिरजे पर लगेगी तो समझो, घड़ी गिरजे पर ही लगेगी। उसकी बात कौन टाल सकता है?

हुसाक : सब मामला खटाई में पड़ गया है।

शेवचेक : और हमारा पाँच साल का वज़ीफ़ा कोई मानी नहीं रखता? हम गिरजे पर तो घड़ी नहीं लगने देंगे।

जान : तुम इसकी मुखालफ़त भी तो नहीं कर सकते, शेवचेक। गिरजा ख़ुदा का घर है।

जार्ज : पाँच बरस पहले हानूश को जब माली इमदाद की ज़रूरत थी तो हानूश लाट पादरी के पास भी गया था। जानते हो, लाट पादरी ने उस वक़्त उसे क्या जवाब दिया था?

जान : क्या कहा था?

जार्ज : लाट पादरी ने कहा था कि तुम शैतान की औलाद हो जो घड़ी बना रहे हो। घड़ी बनाना इनसान का काम नहीं, शैतान का काम है।

जान : ख़ूब!

जार्ज : हानूश ने यह बात कुछ ही दिन पहले मुझे ख़ुद सुनाई। लाट पादरी ने कहा कि घड़ी बनाने की कोशिश करना ही ख़ुदा की तौहीन करना है। भगवान ने सूरज बनाया है, चाँद बनाया है, अगर उन्हें घड़ी बनाना मंज़ूर होता तो क्या वह घड़ी नहीं बना सकते थे? उनके लिए क्या मुश्किल था? इस वक़्त आसमान में घड़ियाँ-ही-घड़ियाँ लगी होतीं। सूरज और चाँद ही भगवान की दी हुई

घड़ियाँ हैं। जब भगवान ने घड़ी नहीं बनाई तो इनसान का घड़ी बनाने का मतलब ही क्या है? उस वक़्त तो यों कहता था!

[जान और हुसाक हँसते हैं।]

जान : फिर हानूश ने क्या कहा?

जार्ज : हानूश ने कहा—हुज़ूर, सुना है, यूरोप के किसी शहर में किसी गिरजे पर घड़ी लगी है। उसे दुनिया की पहली घड़ी मानते हैं। उसे भी मुझ-जैसे इनसान ने ही बनाया है।

जान : *(हँसता है)* फिर?

जार्ज : फिर क्या? लाट पादरी हानूश की तरफ़ गुस्से से देखने लगा। फिर बोला—वह किसी प्रोटेस्टेंट मतवालों का गिरजा होगा। वे सब शैतान के बच्चे हैं।

[सब हँसते हैं।]

शेवचेक : अगर घड़ी को हाथ से जाने दिया तो लाट पादरी के हौसले और ज़्यादा बढ़ जाएँगे।

जार्ज : अगर बादशाह सलामत लाट पादरी की बात नहीं मोड़ सकते तो हमारा कहना फ़िज़ूल है।

जान : हमें घड़ी के लिए बहुत पहले बादशाह सलामत से दरख़्वास्त करनी चाहिए थी।

शेवचेक : क्यों? सवाल इन्साफ़ का है, आख़िर पैसे हमने दिये हैं। हम दरख़्वास्त दें, न दें, इससे क्या फ़र्क पड़ता है?

जान : सुनो। सब बात सोच-समझ लो। नगरपालिका ने जो वज़ीफ़ा हानूश को दिया है, वह घड़ी बनाने के लिए दिया गया था। इसका यह मतलब नहीं कि घड़ी पर नगरपालिका का हक़ हो जाता है। इस बारे में हानूश

के साथ कोई मुआइदा तो नहीं हुआ था कि घड़ी नगरपालिका पर लगाई जाएगी।

शेवचेक : जो पैसे देता है, चीज़ उसी की होती है, यह तो व्यापार की बात है।

जान : यह तो तुम अब कह रहे हो न! क्या उस वक़्त कोई मुआइदा हुआ था? उस वक़्त तो केवल एक ग़रीब कुफ़्लसाज़ की मदद की जा रही थी।

जार्ज : फिर घड़ी किसकी है?

जान : मैं कहूँगा, जिसने घड़ी बनाई है, घड़ी उसी की है। घड़ी हानूश की है।

हुसाक : नहीं, राज्य की हर चीज़ पर हक़ बादशाह का होता है। इसलिए घड़ी कहाँ लगेगी, इसका फ़ैसला न हानूश कर सकता है, न लाट पादरी, न हम लोग। इसका फ़ैसला बादशाह सलामत ही कर सकते हैं।

जान : जितनी देर घड़ी नहीं बनी थी उतनी देर तो किसी को ख़याल ही नहीं आया कि उसका मालिक कौन होगा। अब जो बन गई है, तो सभी उसे हथियाने के लिए लपक रहे हैं।

शेवचेक : वाह जी, तुम ख़ूब हो! हानूश के पास खाने को पैसे नहीं थे, मारा-मारा फिर रहा था, कई बार घड़ी बनाने का काम हाथ से छोड़ चुका था। उस वक़्त नगरपालिका ने उसकी मदद की। अब नगरपालिका भी क्या घड़ी हथियाने के लिए लपक रही है? और फिर, हानूश, जिसने घड़ी बनाई है, ख़ुद चाहता है कि घड़ी नगरपालिका पर लगे।

हुसाक : लगता है, गिरजे पर घड़ी लगनेवाली बात लाट पादरी ने कही है, बादशाह सलामत ने नहीं कही। मैं नहीं समझता, लाट पादरी ने बादशाह सलामत से इसकी

इजाज़त ली होगी। अभी भी कुछ नहीं बिगड़ा, घड़ी हमें मिल सकती है।

जान : अगर लाट पादरी ने बादशाह सलामत से पूछा भी तो वह उसकी बात टालेंगे थोड़े ही। वह तो अपना मुँह खोलने से पहले लाट पादरी के मुँह की ओर देखते हैं।

टाबर : एक तरीक़ा हो सकता है।

जार्ज : क्या?

टाबर : तुम घड़ी को गिरजे पर लगने दो। हम यह घड़ी नगरपालिका की ओर से गिरजे की नज़र कर देते हैं। हम कहेंगे, देश में बनाई जानेवाली पहली घड़ी भगवान के घर पर ही शोभा देती है।

जार्ज : इससे क्या होगा? नज़र करेंगे! वाह! जो चीज़ तुम्हारी है ही नहीं, उसे नज़र कैसे करोगे?

टाबर : हम अब हानूश के साथ मुआइदा कर लेते हैं कि एक और घड़ी वह हमारे लिए बनाए। इससे आगे बनाई जानेवाली दूसरी घड़ी पर तो हमारा हक़ होगा। अब एक घड़ी बनी है तो इसी पर तो बस नहीं हो जाएगा न। हानूश आगे भी तो घड़ी बनाएगा।

जान : एक घड़ी बनाने में तो उसके सत्रह बरस लग गए। अब कितनी और घड़ियाँ वह बना पाएगा? तुम बहुत बड़े डरपोक हो जी। जो घड़ी हाथ में है, उसे तो जाने दें, और अगली घड़ी के लिए वर्षों तक इन्तज़ार करें। तुम्हें व्यापारी किसने बनाया है?

शेवचेक : हम अपनी घड़ी को क्यों छोड़ दें?

टाबर : क्योंकि यह घड़ी आसानी से अब तुम्हें नहीं मिलेगी। घड़ी तो एक तरह से तुम्हारे हाथ से जा चुकी है।

जार्ज : नहीं। क्यों? अभी कोई फ़ैसला नहीं हुआ है। अगर घड़ी नगरपालिका पर लगेगी तो सारे नगर को, बल्कि सारी रियासत को इससे फ़ायदा होगा।

हुसाक : यह तो गिरजेवाले भी कह सकते हैं।

जार्ज : क्यों? यह शहर का मरकज़ है। शहर का सारा कारोबार यहाँ होता है। दिसावर से सैकड़ों व्यापारी लोग आते हैं। यहाँ घड़ी लगने पर लोग दूर-दूर से उसे देखने आया करेंगे। यात्रियों का ताँता लगा रहेगा। अभी से लोगों को पता चल गया है कि कोई घड़ी बनी है, किसी कुफ़्लसाज़ ने घड़ी बनाई है।...मैं तुम्हें सच कहता हूँ, इस बात की बड़ी धूम-मचेगी। यूरोप-भर से लोग इसे देखने आया करेंगे। हमारे व्यापार को चार चाँद लग जाएँगे। जैसे भी हो, हमें घड़ी नगरपालिका पर ही लगवानी चाहिए। इसे किसी भी हालत में हाथ से नहीं निकलने देना चाहिए।

जान : सुना तो मैंने भी है कि जगह-जगह से लोग पूछने आ रहे हैं। वेनिस से कोई हिसाबदान हानूश से मिलने आया है।

हुसाक : हानूश की क़िस्मत जाग गई है, कहाँ एक मामूली-सा कुफ़्लसाज़ और कहाँ अब—बहुत बड़ा ईज़ादकार बन गया है।

जार्ज : दुकानों के किराए बढ़ जाएँगे। यहाँ ज़मीन-जायदाद की क़ीमत बढ़ा जाएगी।

जान : *(धीमी आवाज़ में, जार्ज से)* तुम अभी से दो-एक दुकानें और ख़रीद लो, जार्ज, यह वक़्त अच्छा है।

जार्ज : और अगर घड़ी यहाँ पर न लगी तो? मेरा नुक़सान करवाओगे, हैं? मैं तुम्हारी रग-रग से वाकिफ़ हूँ। मैं एक और बात कहता हूँ। अगर लाट पादरी इस बात का इसरार कर रहा है कि घड़ी गिरजे पर लगे, तो हमें कहना चाहिए कि घड़ी बादशाह सलामत के महल पर लगे। न गिरजे पर लगे, न नगरपालिका पर लगे, घड़ी बादशाह सलामत के महल पर लगाई जाए।

जान : इससे क्या होगा?

जार्ज : इससे बादशाह सलामत के रुख़ का पता चल जाएगा कि उनका अपना इरादा क्या है?

जान : तुम सारा वक़्त बादशाह सलामत का रुख़ ही देखते रहते हो...अगर बादशाह सलामत के महल पर घड़ी लग गई तो? तुम्हारे हाथ से तो निकल जाएगी।

जार्ज : इससे कम-से-कम बादशाह सलामत को इस बात का ध्यान तो आएगा कि गिरजे के अलावा और भी जगह है जहाँ घड़ी लगाई जा सकती है।

टाबर : मैं अब भी कहूँगा कि इस घड़ी को भूल जाओ और जैसे भी हो, हानूश को अपने साथ मिलाओ। इस बात की परवाह नहीं करनी चाहिए कि यह घड़ी कहाँ पर लगाई जाती है।

जान : इससे क्या होगा?

टाबर : हानूश को अपने साथ रखो। नगरपालिका उसे एक बाड़ा बनवा दे, पाँच-छः दस्तकार उसके साथ काम करने के लिए रख दे। उसका वज़ीफ़ा बाँध दे और कहे कि लो भाई, तुम यहाँ चैन से बैठो और दूसरी घड़ी बनाओ।

जान : और अगर दूसरी घड़ी बनने पर भी वह नगरपालिका पर नहीं लग पाई तो?

टाबर : तो क्या, हम वह घड़ी दिसावर में बेच देंगे। यहाँ से घड़ी बनवाएँगे और दिसावर में अच्छे मुनाफ़े पर बेचेंगे। यूरोप के नगर-नगर में घड़ियों की माँग है। हम व्यापारी लोग हैं। हमें घड़ी की नुमाइश से नहीं, मुनाफ़े से मतलब है। और फिर जब दस आदमी घड़ियाँ बनाना सीख गए तो यहाँ पर भी घड़ी लगवा लेंगे। व्यापारी के लिए क्या मुश्किल है?

जान : एक घड़ी बनाने में तो उसे सत्रह बरस लग गए...

टाबर : यह मैं सुन चुका हूँ। पहली घड़ी बनाना मुश्किल होता है। पहली घड़ी बन जाए तो दूसरी घड़ी बनाने में आधा वक़्त भी नहीं लगता। हम उससे कहेंगे—जो घड़ी बनाओ, आधा मुनाफ़ा तुम्हारा, आधा नगरपालिका का।

जान : नगरपालिका को इसमें क्यों लाते हो? हम तीन-चार आदमी मिलकर घड़ीसाज़ों की एक जमात बना लेते हैं और हानूश के साथ मुआइदा कर लेते हैं।

टाबर : यह भी ठीक है। नगरपालिका को इसमें लाएँ ही नहीं। लेकिन नगरपालिका के ज़रिये हमें चुंगी वग़ैरा की सहूलियतें मिल जाएँगी।

जान : इसके लिए अलग दरख़्वास्त कर देंगे। नगरपालिका के आदमी भी तो अपने ही हैं। वे कौन-से बाहर के लोग हैं! नगरपालिका की भी पत्ती बाँध दो।

जार्ज : यह नहीं चलेगा।

जान : क्यों?

जार्ज : यह मत भूलो कि हर चीज़ पर अधिकार बादशाह का होता है। इसलिए मैं कहता हूँ कि सबसे पहले दरबार में अपनी नुमाइंदगी बढ़वाओ। अगर ऐसा नहीं हुआ तो हमारी हालत में कोई फ़र्क़ पड़नेवाला नहीं है। जब तक हुकूमत में हमारा हाथ नहीं होगा, हम कभी लाट पादरी का तो कभी बड़े वज़ीर का मुँह जोहते रहेंगे।

टाबर : एक दिन में तो हमें नुमाइंदगी नहीं मिल जाएगी न! मैं कहता हूँ, इस घड़ी को कुछ देर के लिए भूल जाओ। यह घड़ी तुम्हें मिलती है या नहीं मिलती है, यह बात इतनी अहम नहीं है। अहम बात यह है कि हानूश तुम्हारे साथ रहे। और हम उसे घड़ी बनाने के काम पर लगा लें। हम लोग आगे की सोचें।

जार्ज : तुम एक बात भूल रहे हो कि हानूश एक पादरी का छोटा भाई है। हानूश उसी रास्ते जाएगा जिस रास्ते उसका भाई उसे कहेगा। और हानूश पर उसने बड़े एहसान किए हैं।

टाबर : हानूश एक दस्तकार है। वह उसी रास्ते जाएगा जिस रास्ते और दस्तकार जाएँगे। वह कारीगर है, कुफ़्लसाज़ है, हाथ से काम करनेवाला आदमी है। वह हमारे साथ आएगा।

जान : तुम बहक गए हो, टाबर! हर आदमी के अन्दर दस्तकार भी होता है और राजदरबारी भी और मैं तो कहूँगा, पादरी भी। आज हानूश दस्तकार है तो हमारा साथी है। कल महाराज ने उसे दरबारी बना दिया, वह ज़मीन-जायदाद का मालिक बन गया तो उसके अन्दर का दरबारी जाग उठेगा। और अगर उसके अन्दर का पाखंड बढ़ने लगा तो एक दिन उसके अन्दर का पादरी भी जाग उठेगा।

टाबर : मगर आज तो वह हमारे साथ है और हमें उसे अपने साथ ही बनाए रखना चाहिए।

हुसाक : हानूश तुम्हारा बहुत दूर तक साथ नहीं दे पाएगा।

जान : क्यों?

हुसाक : वह अन्दर से कमज़ोर है। उसे भाई कहेगा तो भाई के साथ चल देगा, तुम कहोगे तो तुम्हारे साथ और बादशाह सलामत कुछ कहेंगे तो उनका हुक्म बजा लाएगा। वह अन्दर से पिलपिला है।

जार्ज : पिलपिला होता तो इतनी लगन के साथ पूरे सत्रह बरस एक घड़ी बनाने में नहीं लगा देता। उसमें अपनी जवानी नहीं गला देता। अन्दर से पिलपिला होता तो कब का घड़ी बनाना छोड़ चुका होता। वह पिलपिला नहीं, अन्दर से पत्थर की तरह मज़बूत है।

हुसाक : पिलपिला है। मैं उसे जानता हूँ। ऐसे सभी लोग अन्दर से पिलपिले होते हैं। अन्दर से मज़बूत सिर्फ़ ख़ुदगर्ज़ लोग होते हैं। वे अपनी गर्ज़ के लिए सब कुछ करने को तैयार होते हैं।

टाबर : हममें मज़बूती होगी तो उसमें भी मज़बूती आ जाएगी।

जार्ज : तुम्हें यक़ीन है तो कर देखो। तुम यही चाहते हो न कि एक जमात बनाई जाए और उस जमात में हानूश को शामिल कर लिया जाए?

टाबर : हाँ, यही।

जार्ज : तो अभी से हानूश के साथ बात कर लो। ऐसा न हो कि वह बाद में किसी दूसरे को ज़बान दे बैठे।

टाबर : मैंने उसे पहले से कहलवा भेजा है।

जार्ज : क्या कहलवा भेजा है? तुम तो बड़े तेज़ निकले!

टाबर : यही कि अपने आइंदा के काम-काज के बारे में मुझसे बात किए बिना कोई बात नहीं चलाए।

जार्ज : तुम बेशक उससे बात करो, मगर मुझे ज़्यादा यक़ीन नहीं है। एक बार बादशाह सलामत ने उसे आँखें दिखा दीं तो वह तुम्हारी नहीं सुनेगा।

हुसाक : कल हानूश ने ख़ुद कहा कि घड़ी नगरपालिका की है, और आज जब लाट पादरी ने कहा कि घड़ी गिरजे पर लगेगी तो हानूश ने चूँ तक नहीं की। मैं जो कहता हूँ, अन्दर से पिलपिला है।

टाबर : तुम्हें याद है गाँव का वह लड़का, जो किसी पादरी का सुअर चुरा लाया था?

जार्ज : हाँ, याद है।

टाबर : वह लड़का पनाह लेने हानूश के घर जा पहुँचा था।

जार्ज : मैं जानता हूँ।

टाबर : अपनी जान जोख़िम में डालकर हानूश ने उसे पनाह दी थी और आज तक वह हानूश के घर में रह रहा

है। अन्दर से न कोई पिलपिला होता है, न मज़बूत। वह आदमी, जिसे हम पिलपिला समझते हैं, वक़्त आने पर चट्टान की तरह खड़ा हो जाता है, और जिसे हम सूरमा समझते हैं, वक़्त आने पर भाग खड़े होते हैं।

जान : आजकल हर व्यापारी अपने को ज्ञानी समझने लगा है। दो पैसे क्या कमा लिए, टाबर भी फ़िलासफर बन गया है। कोई ढंग की बात करो।

टाबर : क्यों, क्या तुमने पैसे नहीं कमाए हैं? मगर तुम्हारी खोपड़ी ख़ाली की ख़ाली बनी रही। तुम्हारी इस ख़ाली खोपड़ी में अब हम ही कुछ डालें तो डालें।

[दो-एक सदस्य हँस देते हैं।]

जार्ज : मेरा और एक सुझाव है।

जान : वह भी सुनें।

जार्ज : हानूश की एक जवान बेटी है, है न?

जान : हाँ, है। आगे कहो।

जार्ज : उसका ब्याह टाबर के बेटे के साथ करवा दो।

जान : फिर? इससे क्या होगा?

टाबर : कुफ़्लसाज़ की बेटी के साथ?

जार्ज : टाबर, अब वह कुफ़्लसाज़ नहीं है, अब वह बहुत बड़ा घड़ीसाज़ है। दरबारी बननेवाला है।

जान : फिर क्या होगा? इससे क्या होगा?

जार्ज : हानूश फिर घड़ीसाज़ों की जमात में शामिल हो जाएगा। वह फिर अपने पादरी भाई की भी नहीं सुनेगा, वह अपनी बेटी की और अपने दामाद की सुनेगा।

जान : बड़ी दूर की कौड़ी फेंकी है, जार्ज!

जार्ज : तुम्हीं तो कहते हो कि व्यापारी को दूर की सोचनी चाहिए। और मैं तो आज से दो सौ साल बाद की भी

सोच सकता हूँ। तब न गिरजे होंगे, न राजे होंगे। चारों ओर व्यापारी ही व्यापारी होंगे। तब सभी की बेटियाँ व्यापारियों से ब्याही जा चुकी होंगी। हर बात में व्यापारियों की, पैसेवालों की चलेगी।

जान : तुम हानूश को तैयार करो।

जार्ज : किस बात के लिए?

जान : टाबर के बेटे के साथ अपनी बेटी का रिश्ता करने के लिए। हर बात का दारोमदार हानूश पर है...।

शेवचेक : मुझे इस बात का बड़ा अफ़सोस है कि तुम सब टाल-मटोल की बातें कर रहे हो। अगर इस वक़्त तुमने कमज़ोरी दिखाई और घड़ी को हाथ से जाने दिया तो लाट पादरी और सामन्त मिलकर तुम्हारी हस्ती को ही नेस्त-ओ-नाबूद कर देंगे।

[सभी चुप हो जाते हैं। शेवचेक उत्तेजित है।]

यह साफ़ बात है कि लाट पादरी ने घड़ी को गिरजे पर लगाने का ऐलान ही हमें नीचा दिखाने के लिए किया है। अगर हम इस वक़्त दब गए तो न हमें दरबार में नुमाइंदगी मिलेगी और न हमें कोई पूछेगा; बल्कि एक-एक करके हमारे सभी हक़ छीन लिए जाएँगे।

टाबर : फिर तुम क्या कहते हो, क्या करें?

शेवचेक : मैं कहता हूँ, सीधा घड़ी को नगरपालिका पर लगा दो। पहले नगरपालिका पर घड़ी लग जाए।

हुसाक : बादशाह सलामत की इजाज़त के बग़ैर?

शेवचेक : हाँ, इजाज़त के बग़ैर तुम पहले घड़ी लगा लो, देखा जाएगा, क्या होता है! लगी हुई घड़ी को बादशाह सलामत भी नहीं उतरवाएँगे। जब हमारा हक़ है तो हम क्यों किसी की भी चापलूसी करें?

हुसाक : अगर बादशाह सलामत नाराज़ हो गए तो?

शेवचेक : नाराज़ हो गए तो देख लेंगे, क्या करना होगा। इस वक़्त तो घड़ी लगवाओ, और जिस दिन बादशाह सलामत यहाँ तशरीफ़ लाएँ, सैकड़ों दस्तकारों-सनअतकारों को इकट्ठा करो, जो उनका स्वागत करें।

जार्ज : शेवचेक ठीक कहता है। किसी-न-किसी दिन तो हमें अपने हक़ के लिए डटकर खड़े होना ही पड़ेगा।

हुसाक : सुनो, घड़ी लगवा लो, पर साथ ही दरख़्वास्त भी दे दो।

शेवचेक : इससे तो उलटा दोष हम पर आएगा कि दरख़्वास्त देने से पहले ही घड़ी लगवा ली। हम सीधी बात क्यों न करें?

जार्ज : हमें अपना मतलब साधना है, शेवचेक! सीधे रुख़ साधें या उलटे रुख़। सयाने कहते हैं, बरतन में से घी निकालना हो तो टेढ़ी उँगली से निकालो, सीधी उँगली से नहीं निकलेगा। तुम दरख़्वास्त ज़रूर दे दो और साथ ही बादशाह सलामत तक जैसे-तैसे सिफ़रिश भी पहुँचाओ। व्यापारी वह है जो वक़्त को पहचानता है।

शेवचेक : मैं समझता हूँ, दरख़्वास्त देने की कोई ज़रूरत नहीं है। अगले महीने जब बादशाह सलामत तशरीफ़ लाएँ तो हम कहेंगे कि आपके स्वागत के लिए घड़ी लगाई गई है। अगर वह नहीं मानें तो ज़्यादा-से-ज़्यादा यही होगा कि घड़ी उतरवा देंगे। फिर देखेंगे, क्या होता है!

हुसाक : और अगर हानूश कमज़ोर पड़ गया तो? उसने घड़ी नहीं दी, तो?

शेवचेक : हानूश कुछ नहीं कहेगा। वह तो चाहता है कि घड़ी नगरपालिका पर लगे। फिर, तुम्हारे वज़ीफ़े पर जीता रहा है। वह क्या कह सकता है?

जार्ज : शेवचेक ठीक कहता है। मैं नहीं समझता कि वह लाट पादरी के डर से या अपने भाई के डर से घड़ी लगाने से इनकार कर देगा।

शेवचेक : हमें यह मौक़ा नहीं खोना चाहिए। अब बहुत दिन नहीं रह गए हैं।

[और व्यापारी लोग, नगरपालिका के सदस्य, अन्दर आने लगते हैं—दो-दो, एक-एक करके। मीटिंग की कार्रवाई शुरू होने लगती है।]

शेवचेक : मीटिंग में और लोगों से भी बात कर लो। हमें किसी की धमकी में आने की ज़रूरत नहीं है।

[जान, जार्ज, टाबर, हुसाक लम्बी मेज़ के पीछे कुर्सियों पर बैठने लगते हैं। हुसाक प्रधान की कुर्सी पर बैठता है। मीटिंग की कार्रवाई शुरू होने लगती है।]

[पर्दा गिरता है।]

दृश्य : 2

[पर्दा खुलने पर हानूश के घर में उसकी बेटी यान्का खिड़की में से बाहर देख रही है। कमरा वसन्त की धूप से खिला है। धीरे से जेकब का प्रवेश। दबे पाँव चलता हुआ ऐन यान्का के पास जा खड़ा होता है और यान्का की आँखें बन्द कर देता है।]

यान्का : कौन होगा? जेकब है, और कौन है! छोड़ो जेकब, गली में से लोग देख रहे हैं। जेकब ही तो हो। अब बहुत बनो नहीं। मुझे यह बचपना अच्छा नहीं लगता। छोड़ो, माँ आती होंगी। उस दिन की तरह फिर डाँट देंगी।

[जेकब यान्का की आँखों पर से हाथ हटा लेता है।]

यान्का : बस, डर गए?

जेकब : आज माँ कुछ नहीं कहेंगी। आज तो वह बड़े-से-बड़ा कसूर भी माफ़ कर देंगी।

यान्का : आज न जाने माँ को क्या हो गया है! सुबह से, कभी हँसती हैं, कभी रोती हैं।...देखो जेकब, गली में कितनी रौनक है! सभी लोग बापू की घड़ी देखने जा रहे हैं। तुम्हें एक चीज़ दिखाऊँ? *(पीछे मेज़ पर से फूलों का एक गुलदस्ता उठा लाती है)* किसी ने खिड़की में से ये फूल अन्दर फेंके हैं।

जेकब : तुम्हें देखकर फेंके होंगे!

यान्का : नहीं, जेकब! पहले कोई नीचे बापू को पुकारता रहा। तीन-चार आदमी थे। फिर खिड़की में से

यह गुलदस्ता फेंककर चले गए। *(खिड़की में से बाहर की ओर देखते हुए, किसी परिचित को देखकर हाथ हिलाती है)* तुम भी क्या चौक में जा रही हो?

नीचे से लड़की की आवाज़ : और तुम क्या घर पर बैठी रहोगी?

यान्का : माँ नहीं जाने देतीं। कहती हैं, घर पर मेहमान आएँगे, तुम घर पर रहो।

आवाज़ : नहीं, नहीं, चलो हमारे साथ। मैं भी तुम्हारे साथ लौट आऊँगी और दोनों मिलकर माँ को मदद कर देंगी। आ जाओ। जल्दी करो—अच्छा! अब समझी, तुम क्यों नहीं आना चाहतीं। वह तुम्हारे पीछे कौन खड़ा है? माँ का बहाना बनाती हो?

यान्का : हाय, नहीं, माँ ने सच रोक दिया है। तुम चलो। माँ ने इजाज़त दी तो मैं भी आऊँगी।

आवाज़ : *(हँसकर)* तुम नहीं आओगी।

यान्का : *(घूमकर)* तुम खिड़की के पास क्यों चले आए, जी? तुम मर्द लोग कितने बेवकूफ़ होते हो! मेरे पीछे खिड़की में से झाँकने की क्या ज़रूरत थी?

जेकब : अच्छी बात है, तो मैं जा रहा हूँ।

यान्का : बिगड़ गए? एक तो भूल करते हो, इस पर बिगड़ने भी लगते हो। हाय, हाय! *(हाथ बढ़ाकर उसके बाल बिखेर देती है)* इतने बड़े हो गए और बच्चों की तरह रूठते हो! वाह जी! कहो, घड़ी लग गई?

[सहसा जेकब का चेहरा खिल उठता है।]

अब तो तुम भी घड़ीसाज़ बन गए। क्या तुम्हें भी इनाम मिलेगा?

जेकब : क्या मालूम!

यान्का : लो जी, यह भी इनाम के ख़्वाब देखने लगे! तुमने किया ही क्या है? बापू कहते थे, हथौड़ी पकड़ा दो तो तुम हथौड़ी पकड़ा देते थे और बापू कहते थे, वह पुर्ज़ा पकड़ा दो तो वह पुर्ज़ा पकड़ा देते थे। इसे घड़ी बनाना कहते हैं?

जेकब : मैं घड़ी का एक-एक पुर्ज़ा जानता हूँ, तुम समझती क्या हो?

यान्का : *(बड़ी उत्सुकता से)* क्या सचमुच घड़ी बजती है तो सन्त दर्शन देते हैं और मुर्ग़ पंख फड़फड़ाता और बाँग देता है?

जेकब : हाँ, तो।

यान्का : और माँ मुझे जाने ही नहीं देतीं।

जेकब : पाँच सन्त हैं। खिड़की में बाईं ओर से आते हैं और दाईं ओर को चले जाते हैं। किसी ने हरे रंग का लबादा पहन रखा है, तो किसी ने लाल रंग का। बड़े अच्छे लगते हैं।

यान्का : तुम जानते हो, बापू ने यह घड़ी मेरे लिए बनाई है? जब मैं छोटी थी तो वह मुझसे कहा करते थे कि यह घड़ी तो मैं अपनी बिटिया रानी के लिए बना रहा हूँ। *(उत्सुकता से)* क्या लोगों ने घड़ी देखी है? वे क्या कहते हैं? तुमने कुछ सुना?

जेकब : तरह-तरह की बातें करते हैं। तरह-तरह के अनुमान लगा रहे हैं।

यान्का : क्या यह सचमुच हमेशा चलती रहेगी?

जेकब : और क्या! इस घड़ी से नगर का काम बँध जाएगा। सुबह के वक़्त जब घड़ी बजेगी तो नगर के रास्ते खोल दिए जाएँगे, घड़ी बजेगी तो पुल पर के सन्तरियों को ख़बर मिल जाएगी और वे पुल को खोल देंगे। घड़ी की आवाज़ सुनकर लोग गिरजे में जाया

करेंगे, और जब शाम होगी और घड़ी चौदह बजाएगी तो जेकब घड़ी के नीचे खड़ा यान्का की राह देखा करेगा।

यान्का : *(चहककर)* और जेकब वहीं खड़ा-का-खड़ा रह जाएगा। घड़ी पर पन्द्रह बजेंगे, फिर सोलह बजेंगे, और यान्का कहीं, नहीं आएगी।

गली में से

आवाज़ : हानूश! यही हानूश का घर है न? अरे, सूरत तो दिखाओ! सूरत तो देखें तुम्हारी!

दूसरी आवाज़ : इस वक़्त घर पर थोड़े ही होगा। नगरपालिका में गया होगा!

पहली आवाज़ : जुग-जुग जियो हानूश! नगर को चार चाँद लगा दिये।

[फूलों का गुलदस्ता फेंकता है।
पिछले दरवाज़े में से हानूश कमरबन्द बाँधता हुआ अन्दर आता है। कुछ-कुछ थका हुआ लग रहा है। दाढ़ी के बहुत-से बाल सफ़ेद हो चुके हैं। पीछे-पीछे, सुई-धागा लिये, कात्या व्यस्त-सी चली आ रही है। वह भी अब थकी-सी अधेड़ उम्र की स्त्री लग रही है।]

[हानूश फूलों का गुलदस्ता उठाकर खिड़की के पास जाता है। गली में खड़े तीन-चार व्यक्ति तालियाँ बजाते हैं। हानूश हाथ उठाकर उनका अभिवादन करता है। गुलदस्ता उठा लेता है।]

आवाज़ : आफ़रीन हानूश! कमाल कर दिया! मुबारक़ हो!

दूसरी आवाज़ : यह तुमने कैसे बनाई हानूश?

हानूश : बना दी दोस्तो, जैसे-तैसे बन गई।

आवाज़ : अब यह सारा वक़्त चलती रहेगी?

हानूश : ख़ुदा ने चाहा तो चलती रहेगी।

[पीछे खड़ी कात्या छाती पर सलीब का निशान बनाती है। जेकब की ओर मुख़ातिब होकर।]

घड़ी के पीछेवाली दीवार पूरी-की-पूरी चुन दी गई है?

जेकब : जी, चुन दी गई है। पिछले दरवाज़े को ताला भी लगा दिया है।

हानूश : तुम घर क्यों चले आए? वहीं पर रहते तो बेहतर था।

जेकब : औज़ारों का बक्सा लेने आया हूँ। मैंने सोचा, इसे वहीं घड़ी के पास रख देना ठीक होगा।

हानूश : तुम वहीं पर पहुँचो। हममें से एक आदमी का वहाँ रहना ज़रूरी है।

[जेकब औज़ारों का थैला उठाकर बाहर चला जाता है।]

हँसकर माँगे हुए कपड़े पहनने में यही नुक़सान होता है कि जगह-जगह से उन्हें ठीक बैठाना पड़ता है।

[कात्या हानूश के चुगे में सीवन ठीक कर रही है।]

कात्या : भगवान चाहेंगे तो अब तुम्हें अपने कपड़े भी नसीब हो जाएँगे।

हानूश : कैसा है बिटिया? अच्छा है न?

यान्का : बहुत अच्छा है।

हानूश : बढ़िया कपड़ों की अपनी ही शान है। *(ऐंठकर घूमता है और आईने में अपना अक्स देखता है)* मैं अब समझ सकता हूँ कि दरबारी लोग क्यों ऐंठ-ऐंठकर चलते हैं, क्योंकि उन्होंने बढ़िया कपड़े पहन रखे होते हैं।

कात्या : नहीं जी, क्योंकि वे दरबारी होते हैं।

हानूश : और क्यों उन्होंने अपने घरों में बड़े-बड़े आईने लगा रखे होते हैं ताकि उनमें आते-जाते वे अपनी पोशाक देख सकें। वाह, क्या ख़ूब है! क्या हुसाक साहिब लोगों से कहते तो नहीं फिरेंगे कि मेरा चुगा हानूश ने पहन रखा है?

कात्या : कहते हैं तो कहने दो, इससे क्या फ़र्क़ पड़ता है?

हानूश : नहीं जी, इसमें बड़ी भद्द होती है। शीश्का सुना रहा था कि एक बार वह एक आदमी की पोशाक पहनकर नगरपालिका में गया। वहाँ पहुँचा तो वही आदमी वहाँ लोगों से घिरा खड़ा था। शीश्का को देखते ही चिल्लाया—"देखना शीश्का, घुटने पर घुटना रखकर नहीं बैठना, सीवन फट जाएगी।"

कात्या : शीश्का ने क्या कहा?

हानूश : शीश्का क्या कहता? बेवकूफ़ों की तरह खड़ा मुस्कुराता रहा।

कात्या : तुम भी बेवकूफ़ों की तरह मुस्कुरा देना।

हानूश : और क्या! मुझे तो हमेशा बाद में सूझता है कि क्या कहना चाहिए था। उस वक़्त तो सूझता ही नहीं। हाज़िरजवाबी भी बहुत बड़ा गुण है।

कात्या : जूते कौन-से पहनकर जाओगे?

हानूश : यही, जो पहन रखे हैं।

कात्या : ये जूते पहनकर जाओगे? मेरी नाक कटवाओगे? कल जूतों का इन्तज़ाम क्यों नहीं किया? मैं कहती नहीं थी...

हानूश : जानती तो हो, महीनेभर से मरने की फ़ुरसत नहीं थी। मीनार की एक पूरी-की-पूरी दीवार तोड़नी पड़ी थी, फिर उसमें घड़ी जोड़ना, लगाना...।

कात्या : और लोग भी तो थे। क्यों, वे काम पूरा नहीं कर सकते थे?

हानूश : वे क्या करते? घड़ी मैंने बनाई है या किसी दूसरे ने? क्या सब काम मिस्त्रियों-मज़दूरों पर छोड़ देता और ख़ुद अपने लिए जूते ढूँढ़ता फिरता?

कात्या : ये जूते पहनकर तो मैं तुम्हें नहीं जाने दूँगी। *(यान्का से)* यान्का, भागकर पादरी चाचा के घर जाओ और उनसे कोई बढ़िया-सा जूतों का जोड़ा माँग लाओ। जल्दी करो।

यान्का : जाती हूँ, माँ।

[यान्का का प्रस्थान]

हानूश : *(कमरे में ऊपर-नीचे शान से टहलते हुए)* वाह, अब ठीक है, अब चलने में भी मज़ा आता है। ऐसे कपड़े पहने हों तो गली में पैदल चलना तो हिमाकत है। यह पोशाक तो घोड़ागाड़ी के लिए बनी है। अब पता चला कि दरबारी लोग क्यों घोड़ागाड़ियों में बैठते हैं, क्योंकि उन्होंने बढ़िया पोशाक पहन रखी होती है। हम भी मुहल्ले में से घोड़ागाड़ी में बैठकर निकलें, ज़रा रुआब गाँठें। वाह, सामने से शीश्का आ रहा हो तो कहें—'क्यों भाई शीश्का, आज पैदल ही टाँगें घसीट रहे हो?'

कात्या : मुहल्ले में तो अपने ही ग़रीब लोग रहते हैं, उन पर क्या रुआब गाँठोगे?

हानूश : अरे, हँसी-मज़ाक है, रुआब कौन गाँठ रहा है!

कात्या : तुम तो हँसी-मज़ाक में कहोगे, वे लोग समझेंगे, ऐंठ रहा है। यह अच्छा नहीं है। भगवान से डरते रहना चाहिए।

[सारा वक़्त कात्या उसकी पोशाक ठीक करती रहती है।]

हानूश : ऐंठ कौन रहा है, मैं तो मज़ाक कर रहा हूँ।

कात्या : मुझे ऐसा मज़ाक पसन्द नहीं है। मुहल्लेवाले तो हमारे अपने हैं, सुख-दुख में हमारा हाथ बँटाते हैं। और फिर, क़ामयाबी का सेहरा तो तुम्हारे सिर लगा है, वे लोग तो वैसे-के-वैसे ग़रीब हैं, उनसे क्या मज़ाक!

हानूश : भगवान बचाए इन धार्मिक औरतों से! आज के दिन, सुबह से अब तक कितनी बार प्रार्थना कर चुकी हो?

कात्या : आज ही क्यों, मैं तो सारा वक़्त प्रार्थना करती रहती हूँ। इसी से तो भगवान ने आज यह दिन दिखाया है।

हानूश : सच?

कात्या : सच नहीं तो और क्या?

हानूश : कात्या, तीन बार तो तुम घड़ी की कमानियाँ तोड़ चुकी हो, दो बार सारा सामान खिड़की में से बाहर फेंक चुकी हो, कुछ नहीं तो छह बार मुझे पीट चुकी हो। फिर भी कहती हो कि आज तुम्हारी प्रार्थना क़बूल हुई है?

कात्या : कमानियाँ तोड़ना दूसरी बात है। मैं दिल से तो यही चाहती थी कि तुम्हें क़ामयाबी मिले, भगवान से भी यही माँगती थी।

हानूश : मैंने तुम्हें बहुत दुख पहुँचाए हैं न, कात्या? मुझसे किसी को सुख नहीं मिला।

कात्या : तुमने ख़ुद कौन-सा सुख पाया है? दिन-रात मेहनत की है, सारी जवानी इसी में खपा दी है। तुमने किसी को कोई दुख नहीं दिया। ऐसा कुछ मत कहो। आज का दिन हम सबके लिए बड़ा मुबारक़ दिन है!

हानूश : *(धीमी आवाज़ में)* मेरी इस क़ामयाबी के पीछे तुम्हारी कुर्बानी है। हर काम के पीछे किसी औरत की

प्रार्थना होती है, उसकी कुर्बानी होती है, उसकी प्रेरणा होती है।

कात्या : यह काम तुम्हारी जी-तोड़ मेहनत से पूरा हुआ।

[दूर, हानूश की घड़ी सहसा बज उठती है। उसकी आवाज़ से पहले तो दोनों विस्मित-से होते हैं, फिर मुस्कुराने लगते हैं। एक-दूसरे से बग़लगीर होते हैं।]

हाय, इसकी आवाज़ कैसे गूँजती है! घर में बजा करती थी तो इसका आवाज़ ऐसी नहीं थी।

हानूश : जेकब पहुँच गया होगा। यह बहुत अच्छा हुआ है न, महाराज के आने से पहले घड़ी चालू हो गई है।

कात्या : महाराज ने भी इसकी आवाज़ सुनी होगी? हाय, उन्हें कैसी लगी होगी! महाराज को तुम पर कितना गर्व हुआ होगा!

[देव-प्रतिमा की ओर घूम जाती है। छाती पर सलीब का निशान बनाती है, और फिर सिर ढँककर देव-प्रतिमा के सामने हाथ जोड़े नतमस्तक खड़ी रहती है।
बाहर गली में भागते क़दमों का शोर।]

आवाज़-1 : तुमने सुना? यह घड़ी की आवाज़ है—हानूश की घड़ी। नगरपालिका पर लगाई गई है। यह उसी की आवाज़ है। हानूश कुफ़्लसाज़ ने बनाई है।...मैं घड़ी को देखने जा रहा हूँ। तुम उसे देख आए?

आवाज़-2 : हाँ, जितनी देर तक मैं वहाँ खड़ा रहा तब तक तो बजी नहीं, वहाँ से लौटा तो सुसरी बजने लगी है।

आवाज़-1 : बहुत बड़ी है। नीचे एक गोल चक्कर है जिसमें सुइयाँ घूमती हैं।

आवाज़-2 : आज तो मैं दिन-भर चौक में ही रहूँगा। देखें, कितनी बार बजती है! आज वहाँ महाराज आनेवाले हैं।

आवाज़-1 : सुना है, पहले घड़ी को गिरजे पर लगाने जा रहे थे।...गिरजे पर घड़ी का क्या काम?

आवाज़-2 : गिरजे के बाहर घड़ी लगी होगी तो अन्दर कौन जाएगा? लोग बाहर खड़े घड़ी को देखेंगे या अन्दर अबादत करेंगे?

[एक और गुलदस्ता अन्दर आकर गिरता है। हानूश उसे उठाकर खिड़की के पास जाता है और लोगों का अभिवादन करता है। तालियों की आवाज़।]

आवाज़-1 : ख़ुश रहो हानूश! वाह! जुग-जुग जियो!

[दरवाज़े में से यान्का भागती हुई अन्दर आती है। यान्का के हाथों में बहुत-से फूल हैं। दूसरे हाथ में चमचमाते जूतों का जोड़ा है।]

यान्का : ओह बापू, तुम लोगों ने घड़ी को सुना? यहाँ आवाज़ आई थी? देखो बापू, ये फूल लोगों ने मुझे दिये हैं। जिस किसी को पता चलता कि मैं हानूश की बेटी हूँ, मुझे फूल लाकर भेंट करता। *(माँ से)* तुम नहीं जानतीं माँ, वहाँ कितनी भीड़ इकट्ठी हो रही है! सभी लोग घड़ी देखने जा रहे हैं। जब घड़ी बजी तो मैं गली में थी। ऊपर से नीचे तक मेरे बदन में ऐसी झुरझुरी हुई, मैं तुम्हें क्या बताऊँ! मेरा तो रोना निकल गया। मैं खड़ी-खड़ी घड़ी की टन्-टन् सुनती जाती और रोती जाती।

[यान्का की आँखों में फिर आँसू आ जाते हैं और वह माँ से बग़लगीर हो जाती है। आँसू पोंछती है, हँसती है।]

माँ, क्या घड़ी की आवाज़ सचमुच यहाँ तक पहुँची थी?

कात्या : हाँ तो, साफ़ सुनाई दे रही थी।

यान्का : मेरे सामने जो लोग चले जा रहे थे, झट से ठिठककर खड़े हो गए। मेरे नज़दीक एक औरत प्रार्थना के शब्द बुदबुदाने लगी और बार-बार छाती पर सलीब का निशान बनाने लगी। जब घड़ी बज चुकी तो लोग सहसा ऊँचा-ऊँचा बोलने लगे और एक-दूसरे से बग़लगीर होने लगे। हाय, मुझे बड़ा अच्छा लगा! जब घड़ी बजी तो मैं तो घर की ओर भागने लगी। मैंने कहा, भागकर जाऊँ और आपको बताऊँ कि घड़ी बज रही है। मुझे क्या मालूम कि उसकी आवाज़ यहाँ तक पहुँचेगी!

हानूश : *(नए जूते पहनते हुए)* वाह, बहुत अच्छे जूते हैं! जूता पादरी का, लबादा व्यापारी का!

[हँसता है। दरवाज़े पर दस्तक होती है। दो आदमी कन्धों पर बीयर के दो कैग उठाए दहलीज़ पर खड़े हैं।]

एक : यह हानूश कुफ़्लसाज़ का घर है?

कात्या : जी, कहिए, क्या बात है?

दूसरा : शहर के कुफ़्लसाज़ों ने बीयर का कनस्तर भेजा है।

एक : और यह नगरपालिका की ओर से है। कहाँ रखें?

[एक ओर कोने में रख देते हैं।]

कात्या : आज हमारे यहाँ मेहमान आएँगे। आप भी आइए।

एक : एक गिलास तो हमें अभी पिला दो बहन। बीयर का क्या भरोसा, बाद में मिले, नहीं मिले।

कात्या : पियो, पियो!

[गिलास लाकर कनस्तर खोलने लगती है।]

एक : लेकिन इसे क्यों खोलती हो? इसे जश्न के वक़्त खोलना।

कात्या : एक ही बात है, तुम पियो!

एक : क्या घर में बीयर नहीं है?

[इधर-उधर देखता है। घर की ग़रीबी का भास पाकर]

नहीं, नहीं, हम बाद में पिएँगे। ऐसी भी क्या जल्दी है!

कात्या : नहीं, नहीं, तुम पीकर जाओगे।

[दो गिलास भर देती है। दोनों व्यक्ति स्टूलों पर बैठ जाते हैं।]

एक : हमने घड़ी तो नहीं देखी, झूठ क्यों कहें, मगर जो मिलता है, तुम्हारा ही नाम लेता है।

दूसरा : तुमने नहीं देखी, हम तो देख आए। एक बात बताओ हानूश भाई, इसके अन्दर बैठा आदमी तो बैठा-बैठा थक जाता होगा!

हानूश : इसके अन्दर कोई नहीं है। सभी यही पूछते हैं।

दूसरा : अन्दर कोई नहीं तो यह बजती कैसे है?

हानूश : अपने-आप बजती है।

दूसरा : हमें बेवकूफ़ मत बनाओ दोस्त, हम सब जानते हैं। उसके अन्दर आदमी बैठा है। दिन-भर वहाँ बैठा रहता होगा, रात को सरक जाता होगा। यही है न?

हानूश : इसके अन्दर कमानियाँ लगी हैं, जो एक बार चला दो तो अपने-आप चलती रहती हैं।

दूसरा : यह क़िस्सा किसी दूसरे को सुनाना। मेरा चाचा गिरजे का घड़ियाल बजाता है। वह रस्सी खींचता है तो घड़ियाल बजता है। रस्सी खींचना बन्द कर दे तो घड़ियाल बन्द हो जाता है।

एक : बता दो, बता दो। ऐसी बातों को छिपाना नहीं चाहिए। बाद में लोगों को पता चलता है तो बड़ी भद्द होती है।

दूसरा : *(बीयर की आख़िरी घूँट भरते हुए)* अच्छा, तुम नहीं बताओ, तुम ख़ुश रहो। सलामत रहो। तुम्हारी घड़ी चलती रहे। युग-युग तुम्हारा नाम हो! अच्छा, बहन, ख़ुदा हाफ़िज़!

[प्रस्थान]

कात्या : दरबार के बाद, लगता है, बहुत लोग आएँगे। यान्का, मैं सोचती हूँ, पड़ोसियों के घर से कुछ बर्तन और ले आते तो अच्छा था।

यान्का : मैं अभी जाकर ले आती हूँ, माँ!

[यान्का पीछे मेज़ की ओर चली जाती है।]

कात्या : मैं सोचती हूँ, अब बेटी की शादी भी कर दें।

हानूश : *(मुस्कुराकर)* सुन बिटिया, तेरी माँ क्या कह रही हैं। कहती है, अब यान्का की शादी भी करा दो। मैं तो कहूँगा, आज ही कर दो। मुझे नए कपड़े भी नहीं बनवाने पड़ेंगे। इन्हीं कपड़ों में दरबार भी हो जाएगा और बेटी का ब्याह भी हो जाएगा।

[यान्का शरमा जाती है।]

हानूश : तुम्हें जेकब पसन्द है न?

कात्या : क्यों, दुनिया में और सब लड़के मर गए हैं?

हानूश : जेकब में क्या बुराई है?

कात्या : *(लम्बी साँस खींचकर)* वह भी घड़ी बनाएगा, मेरी बेटी को भूखों मारेगा।

हानूश : *(हँसकर)* अब वह नए सिरे से तो घड़ी नहीं बनाएगा। जिस घड़ी पर मुझे सत्रह साल लगे हैं, अब वह

दो-तीन महीने में बन सकती है। अहम बात घड़ी बनाना नहीं है, घड़ी का भेद जानना है। एक बार भेद का पता चल जाए तो घड़ी बनाना आसान हो जाता है।

कात्या : तुम भी पहले भेद ही जान लेते।

हानूश : *(हँसकर)* जब तक घड़ी बनाओ नहीं, भेद का पता नहीं चलता।

कात्या : अब भेद का पता चल गया है?

हानूश : हाँ!

कात्या : तो अब और घड़ियाँ बनाओगे?

हानूश : क्या जानूँ कात्या, अभी तो मैं बैठकर बीयर पीना चाहता हूँ और खिली धूप में घूमना चाहता हूँ। दोस्तों के साथ बतियाना चाहता हूँ; या फिर कुछ दिन ताले बनाना चाहता हूँ।

कात्या : तुम अजीब आदमी हो। जब ताले बनाने का वक़्त था, उस वक़्त तो तुम घड़ी बनाते रहे, और जब घड़ियाँ बनाने का वक़्त आया है तो तुम फिर से ताले बनाना चाहते हो!

यान्का : आप लोग तो जेकब की बात कर रहे थे न, यह क्या ले बैठे?

हानूश : *(हँसकर)* तुम चाहती हो, हम जेकब की ही बातें करते रहें! वह बड़ा नालायक, कुन्द ज़ेहन, खर दिमाग़ लड़का है—न सूरत, न सीरत। न जाने कहाँ से आ टपका है! उससे जान आजिज़ आ गई है।

कात्या : ब्याह करने के लिए लड़कियाँ उतावली नहीं होतीं। उतावला तो लड़कों को होना चाहिए।

यान्का : माँ, तुम बापू से ब्याह करने के लिए उतावली नहीं थीं?

कात्या : मैं क्यों उतावली होने लगी! दिन में मेरे घर के दस-दस चक्कर काटता था—कभी एक बार मिलती थी, कभी वह भी नहीं मिलती थी।

हानूश : मिलती नहीं थी लेकिन खिड़की में से सारा वक़्त मुझे देखती रहती थी।

कात्या : कौन देखता रहता था? अपनी सूरत तो देखो!

[ऐमिल का प्रवेश]

ऐमिल : तुम अभी तक तैयार नहीं हुए? सब लोग तुम्हारी राह देख रहे हैं।

हानूश : बस, तैयार ही समझो। मैं घबरा रहा हूँ यार, मुझे दरबार के अदब-क़ायदे कुछ भी मालूम नहीं।

ऐमिल : घबराने की क्या बात है? सीधे पाँत में जाकर खड़े हो जाना। जिस तरह और दरबारी झुक-झुककर आदाब बजा लाएँगे, वैसे ही तुम भी बजा लाना। यह कोई मुश्किल बात थोड़े ही है।

कात्या : क्यों, अदब-क़ायदा क्या छोटी बात है? सब लोगों की नज़रें तो हानूश पर होंगी। अगर इनसे भूल हो गई तो क्या बुरा नहीं लगेगा?

ऐमिल : यह जनम का दरबारी थोड़े ही है।

कात्या : तुम तो हर बात में अपनी चलाओगे।

ऐमिल : कात्या, यह ज़्यादा ज़रूरी नहीं है कि हानूश झुके कैसे और आदाब कैसे बजा लाए। ज़्यादा ज़रूरी यह है कि महाराज के सवालों का जवाब क्या दे।

कात्या : महाराज हमारे अन्नदाता हैं। वह जो सवाल पूछें, उसका ठीक-ठीक जवाब दे देना।

ऐमिल : महाराज घड़ी के बारे में ही पूछेंगे, और क्या! जो मन में आए, कह देना, वह कौन-सा समझ पाएँगे!

कात्या : महाराज के बारे में ऐसा नहीं बोलते। तुम हमेशा उलटी-सीधी बातें करते रहते हो।

ऐमिल : तुम महाराज की तारीफ़ करना, सभी राजा लोग तारीफ़ के भूखे होते हैं। अगर उन्होंने पूछा कि

यह घड़ी तुमने क्यों बनाई है तो तुम क्या जवाब दोगे?

हानूश : बताओ, क्या कहूँ?

ऐमिल : तुम कहना, हुज़ूर की ख़ुशी के लिए, हुज़ूर के राज्य की शान बढ़ाने के लिए, राजधानी की रौनक बढ़ाने के लिए।

हानूश : ठीक है, यही कहूँगा।

ऐमिल : अगर महाराज पूछें, तुमने यह घड़ी नगरपालिका वालों को क्यों दी, तो क्या कहोगे?

हानूश : यह टेढ़ा सवाल है। मैं कहूँगा, हुज़ूर, जहाँपनाह, नगरपालिका वालों ने मेरी पीठ पर हाथ रखा। यदि आड़े वक़्त उन्होंने मेरी मदद नहीं की होती तो मैं कभी इस काम को पूरा नहीं कर पाता।

कात्या : इस जवाब से गिरजेवाले बिगड़ेंगे नहीं?

[ऐमिल से]

तुम तो कहते हो, लाट पादरी नगरपालिका वालों से नाराज़ हैं।

[हानूश से]

तुम बस हाथ बाँधे खड़े रहना। अपने मुँह से कुछ नहीं कहना—न नगरपालिका के हक़ में कुछ कहो, न गिरजेवालों के ख़िलाफ़ कुछ कहो। नगरपालिका और गिरजे के झगड़े में हम क्यों पड़ें?

[पादरी भाई का प्रवेश]

पादरी : मुबारक़ हो हानूश!

[बग़लगीर होता है।]

मुबारक़ हो कात्या! मैंने घड़ी देखी है। तुमने शहर को चार चाँद लगा दिये हैं। आज बड़ा मुबारक़ दिन है।

घड़ी दीवार में बड़ी सुन्दर लग रही है पर इतनी नीची क्यों लगाई, हानूश? इसे थोड़ा ऊँचा लगाना चाहिए था।

हानूश : नहीं भाईजान, ऊँची होती तो नक्षत्रों के नाम नहीं पढ़े जाते।

पादरी : अब यह सारा वक़्त अपने-आप चलती रहेगी?

हानूश : चलते तो रहना चाहिए मगर क्या मालूम, नुक़्स भी पैदा हो सकते हैं! आख़िर इनसान के हाथ की बनी चीज़ है।

पादरी : *(सिर हिलाता है, फिर स्नेह से भाई के कन्धे पर हाथ रखता है। क्षणभर बाद जेब में से एक गुत्थी निकालकर कात्या की ओर बढ़ाता है)* यह लो कात्या, कुछ पैसे हैं, आज तुम्हारे घर मेहमान लोग आएँगे, हाथ तंग नहीं रखना।

कात्या : आपका किया हम कैसे उतारेंगे! *(ले लेती है।)*

हानूश : बैठिए न। आप बड़े थके-थके लग रहे हैं, क्या बात है?

पादरी : बात क्या होगी, यही रोज़ के झगड़े! जब से तुमने घड़ी बनाई है, पादरियों के बीच बहसें चल पड़ी हैं—कोई कुछ कहता है, कोई कुछ। तरह-तरह की बातें चल रही हैं। तुमने घड़ी तो बनाई है, मगर माफ़ करना, इन नए-नए आविष्कारों में यह बहुत बड़ी बुराई है कि इनसे मन की अशान्ति बढ़ती है। झगड़े उठ खड़े हुए हैं। तुमने घड़ी नहीं बनाई होती तो आज के दिन इस वक़्त लोग गिरजे में बैठे होते। आज गिरजे में कुछेक बूढ़ों को छोड़कर कोई आया ही नहीं।

[गली में घोड़ों के टापों की आवाज़। यान्का लपककर खिड़की की ओर जाती है।]

कात्या : क्या है, बेटी?

यान्का : *(चहककर)* बड़ी सजी-धजी एक घोड़ागाड़ी आ रही है।

ऐमिल : तुम्हारे लिए ही भेजी गई होगी, हानूश!

हानूश : पागल हो गए हो, मेरे लिए घोड़ीगाड़ी क्यों भेजी जाएगी?

यान्का : हाय, कितनी सुन्दर है! पीछे दो चोबदार खड़े हैं—वर्दियाँ पहने हुए। बापू, क्या तुम इस पर बैठकर जाओगे? माँ, नगरपालिका ने बापू के लिए गाड़ी भेजी है! इसी तरफ़ आ रही है!

पादरी : नगरपालिका वालों के हौसले बहुत बढ़ गए हैं। बहुत बातों में मनमानी करने लगे हैं। उन्होंने तुम्हारी मदद क्या की, घड़ी के मालिक ही बन बैठे हैं। बिना किसी से पूछे नगरपालिका पर घड़ी लगा दी है। इतना ही नहीं, आइन्दा के लिए घड़ियों के लिए सौदे तय करते-फिरते हैं। *(हानूश से)* अगर महाराज तुमसे पूछें तो तुम कहना—हुज़ूर, मुझे इन बातों का कोई इल्म नहीं है, आप जैसा फरमाएँगे, मैं वैसा ही करूँगा।

हानूश : यही कहूँगा बड़े भाई, यही कहूँगा।

यान्का : हाय, बापू, घोड़ागाड़ी यहाँ पर आकर रुक गई है। ऐन हमारे घर के सामने।

पादरी : तुम्हें ऐसी कोई बात नहीं कहनी चाहिए जिससे लाट पादरी नाराज़ होते हों।

[सीढ़ियों पर क़दमों की आवाज़।]

यान्का : कोई आ रहा है। घोड़ागाड़ी में से ही एक आदमी निकलकर आ रहा है। मोटी-सी छड़ी हाथ में लिये है।

[छड़ी के साथ दरवाज़े पर दस्तक। यान्का आगे बढ़कर दरवाज़ा खोलती है।]

अधिकारी : हानूश...हानूश कुफ़्लसाज़ यहीं पर रहता है?

हानूश : जी, मैं हूँ हानूश! मुझे ही हानूश कहते हैं।

अधिकारी : तुम्हीं ने घड़ी बनाई है? मुबारक़ हो! मैं नगरपालिका की तरफ़ से तुम्हें लिवाने आया हूँ।

[पादरी, ऐमिल और कात्या का अभिवादन करने के बाद आसपास देखकर]

बादशाह सलामत की नज़र हुई तो तुम्हारी यह मुफ़लिसी ख़त्म हो जाएगी। मैं अपने बेटों से कहा करता हूँ कि मेहनत करना ग़रीबों से सीखो। ग़रीब लोग मेहनत करना जानते हैं।

हानूश : आपकी दया है।

अधिकारी : ज़िन्दगी में जितना आराम बढ़ता जाए उतना ही सुख कम होता है, क्योंकि मेहनत कम होती जाती है।

हानूश : बेशक!

अधिकारी : तो तुम तैयार हो?

हानूश : जी, मैं हाज़िर हूँ।

ऐमिल : *(हानूश से)* जो कुछ मैंने कहा है, ध्यान में रखना। सोच- समझकर जवाब देना।

पादरी : घबराना नहीं हानूश! मैं भी वहाँ रहूँगा। तुम्हें घबराने की कोई ज़रूरत नहीं है।

कात्या : तुम कुछ मत माँगना। जो महाराज दें, वही बहुत है। हमारी हालत उनसे छिपी नहीं है।

[अधिकारी आगे-आगे जाता है; पीछे हानूश, ऐमिल, पादरी बाहर जाते हैं। प्रस्थान।]

यान्का : *(खिड़की में से देखकर)* नीचे भीड़ इकट्ठी हो गई है। लोग बापू को देखने के लिए खड़े हैं। गाड़ी को घेरकर खड़े हैं। हाय, कितना अच्छा लगता है! मैं भी नीचे जाऊँगी।

[कात्या कमरे के बीचोबीच खड़ी रहती है। फिर घूमकर देव-प्रतिमा के सामने जाकर सिर नवाती है और छाती पर सलीब का निशान बनाती है। नीचे से तालियाँ पीटने की आवाज़ आती है। बाहर से चलते पहियों की आवाज़ आने लगती है।]

[पर्दा गिरता है।]

दृश्य : 3

[नगरपालिका का हॉल कमरा। इसे हम द्वितीय अंक के पहले दृश्य में देख चुके हैं। केवल इसकी सज-धज पहले से कहीं ज़्यादा है। अलग-अलग दस्तकार संघों के चिह्न-चित्र, पीछे बड़ी खिड़कियों में से नगर का दृश्य। दूर, बड़े गिरजे की मीनार, छतें। सुनहली धूप। समारोह का-सा वातावरण...। दो-दो, एक-एक करके नगरपालिका के सदस्य इकट्ठे हो रहे हैं। जगह-जगह चोबदार, कारिन्दे, संयोजक व्यस्त हैं। नगरपालिका के सदस्यों में से बहुत-से ऐसे हैं जिनसे हम द्वितीय अंक के पहले दृश्य में मिल चुके हैं।

नगरपालिका का अध्यक्ष, हुसाक, बग़ल में बहुत-से काग़ज़ दबाए, जान के साथ बात करता हुआ दाख़िल होता है।]

हुसाक : वह भी हम सँभाल लेंगे। इसका भी इन्तज़ाम हो जाएगा। ठीक ढंग से काम किया जाए तो रास्ता निकल आता है। *(व्यापारी के लिए)* क्या मुश्किल है! सियाने कहते हैं, मुट्ठी-भर मिट्टी भी उठानी हो तो बड़े ढेर में से उठाओ, छोटे में से नहीं।

जान : मैं तो कहूँगा, तुम महसूल चुंगी की भी बात आज ही उठाओ। इसमें देरी नहीं करो। क्यों, क्या कहते हो?

हुसाक : नहीं, आज नहीं, इसके लिए थोड़े दिन रुक जाना ठीक होगा। आज सिर्फ़ इतना कहो कि शहर में दाख़िले की चुंगी बढ़ा दी जाए। बस, इतना ही काफ़ी है।

जान : जब से घड़ी की ख़बर फैली है, लोग दूर-दूर से आने लगे हैं। आज कुछ नहीं तो एक हज़ार आदमी बाहर से आए हैं।

हुसाक : *(उपाध्यक्ष, जार्ज से)* सब इन्तज़ाम ठीक हो गया?

जार्ज : हाँ!

हुसाक : हानूश कुफ़्लसाज़ के लिए गाड़ी भेज दी?

जार्ज : सुबह ही भिजवा दी थी।

[पीछे की ओर, नीचे, आवाज़ें, तालियाँ]

हुसाक : बादशाह सलामत आ गए!

[घबराकर चुग़ा ठीक करता है, नीचे जाने के लिए मुड़ता है।]

जल्दी नीचे पहुँचो।

टाबर : *(जो खिड़की के पास खड़ा है)* नहीं, नहीं, महाराज नहीं हैं, यह तो हानूश कुफ़्लसाज़ है।

[नीचे तालियाँ और शोर]

बाहर भीड़ बहुत है।

हुसाक : *(जार्ज से)* जो दस्तकार रास्ते में महाराज का स्वागत करने के लिए खड़े किए हैं, उनसे कह दिया न, कि महाराज के लौटने तक वहीं खड़े रहें? यह नहीं हो कि भागकर इधर आ जाएँ, या मुड़कर अपने घरों को चले जाएँ। बादशाह सलामत की सवारी के लौटने तक वहीं खड़े रहें।

जार्ज : सब समझा दिया है।

हुसाक : *(टाबर से)* दस्तकारों के नुमाइंदे पहुँच गए? आप लोग इधर दीवार के साथ आकर खड़े हो जाएँ। दरख़्वास्त टाबर पेश करेगा।

[हॉल का कमरा भरता जा रहा है। टाबर जल्दी से आकर बाक़ी चार सदस्यों के आगे खड़ा हो जाता है।]

यों नहीं टाबर, तुम पास में इनके साथ खड़े हो जाओ, इनके आगे नहीं। जब मैं कहूँगा तब अपनी दरख़्वास्त पेश करना। इससे पहले जहाँ खड़े हो, वहीं खड़े रहना।

[हानूश का प्रवेश। अन्दर आते ही हॉल के कमरे की चकाचौंध से ठिठककर एक ओर को सिकुड़कर खड़ा हो जाता है। अटपटा महसूस करने के बावजूद बड़ा आकर्षक और प्रभावशाली लग रहा है। बहुत-से लोग उससे हाथ मिलाने के लिए आगे बढ़ आते हैं। हर एक को झुक-झुककर आदाब कर रहा है।]

हुसाक : *(मंच पर से)* महाराज अभी आने वाले हैं। अब सब भाई लोग अपनी-अपनी जगह पर खड़े हो जाएँ। मत भूलें कि महाराज पहली बार नगरपालिका में पधार रहे हैं। ऐसी कोई बात न हो जिसे वह बुरा मानें, समझे? हम दस्तकार हैं, हाथ से काम करनेवाले लोग हैं। हम दरबारी नहीं हैं। दरबार के क़ायदे-क़ानून नहीं जानते, मगर जो काम करेंगे, ढंग से करेंगे। शेवचेक कहाँ है? शेवचेक अभी तक नहीं पहुँचा?

जान : वह दस्तकारों को इकट्ठा करने गया हुआ है।

हुसाक : मगर यहाँ पर भी तो उसका रहना बहुत ज़रूरी है। नुमाइंदगी की दरख़्वास्त उसे पेश करना है। कोई अपनी जगह से नहीं हिले। जब महाराज आएँ तो सभी लोग एक साथ झुककर आदाब बजा लाएँ। कोई आदमी उस वक़्त बोले नहीं, खाँसे नहीं, छींक नहीं लगाए, मूँछों को ताव नहीं दे—सुन लिया जान? तुम्हारी यह आदत बहुत बुरी है, या तो तोंद पर हाथ फेरने लगते हो, या मूँछ सहलाने लगते हो। बस, इधर बिलकुल बुत की माफ़िक खड़े रहो।

जार्ज : महाराज कोई सवाल करें, फिर भी बुत बना खड़ा रहूँ?

हुसाक : महाराज तुमसे कुछ नहीं पूछेंगे, पूछने के लिए मैं जो मौजूद हूँ।

जार्ज : बेहतर।

[शेवचेक का प्रवेश]

हुसाक : तुम आ गए शेवचेक! दरख़्वास्त तैयार है?

शेवचेक : यह रही।

हुसाक : तुम भी इन्हीं के साथ खड़े हो जाओ। दरख़्वास्त हाथ में रखो। और जब महाराज तशरीफ़ रखें, उस वक़्त भी तुम लोग खड़े रहो। जब मैं यों झुककर इशारा करूँ, उस वक़्त बैठ जाओ। मगर ये पाँच आदमी—टाबर, शेवचेक और उनके साथी— ज्यों-के-त्यों खड़े रहेंगे, और उधर हानूश कुफ़्लसाज़...किधर है हानूश?

हानूश : यह रहा, मालिक।

हुसाक : तुम्हें वहाँ खड़ा होने को किसने कहा है? वह तो महाराज के आने का रास्ता है! तुम इधर, पाँच दरख़्वास्तियों से थोड़ा हटकर खड़े हो जाओ। अब सब लोग कान खोलकर सुन लो—सबसे पहले मैं महाराज का स्वागत करूँगा। इसके बाद महसूल चुंगी का मसला टाबर पेश करेगा। टाबर अपनी दरख़्वास्त आगे बढ़कर पेश करेगा। यह दूसरी दरख़्वास्त दरबार में हम दस्तकारों की नुमाइंदगी से ताल्लुक रखती है। यह दरख़्वास्त शेवचेक पेश करेगा। आख़िर में हानूश कुफ़्लसाज़ पेश होगा। अब याद रखो, पहले मैं, फिर टाबर, उसके बाद शेवचेक, फिर हानूश कुफ़्लसाज़। और हानूश कुफ़्लसाज़! जो सवाल महाराज पूछें, उनका

ठीक-ठीक जवाब दो। अगर किसी सवाल का जवाब नहीं दे सकते तो मेरी तरफ़ देखो, उस सवाल का जवाब मैं दूँगा। घबराने की कोई बात नहीं।

इजलास ख़त्म हो जाए, तो जब तक महाराज निकल नहीं जाएँ, सब लोग अपनी-अपनी जगह पर खड़े रहें—अदब से। मैं और जान उन्हें नीचे तक छोड़ने जाएँगे।

जार्ज : तुम्हारे चले जाने पर भी सिर झुकाए खड़े रहें?

हुसाक : यह मज़ाक करने का वक़्त नहीं है। मैंने कहा है, अपनी जगह से नहीं हिलो।

जार्ज : उस वक़्त खाँसी आ जाए तो क्या खाँस सकते हैं?

हुसाक : बको मत!

जार्ज : हमें कैसे पता चलेगा कि महाराज चले गए?

हुसाक : उनकी गाड़ी के पहियों की आवाज़ से ही पता चल जाएगा।

जार्ज : कितना अच्छा हो अगर उस वक़्त घड़ी बजने लगे! ऐसा कुछ इन्तज़ाम करो, इससे अच्छा असर पड़ेगा। महाराज भी ख़ुश होंगे। एक बार उनके पधारने पर बजे, दूसरी बार उनके विदा होने पर।

हुसाक : क्यों, हानूश, क्या इस बात का बन्दोबस्त हो सकता है?

हानूश : नहीं मालिक, घड़ी तो अपने वक़्त पर ही बजेगी।

हुसाक : वाह, ऐसी भी क्या बात है! तुम चाहो तो बज सकती है। तुम्हीं ने तो इसे बनाया है। दस्तकार के लिए क्या मुश्किल है?

हानूश : यह मशीन है, मालिक!

जार्ज : हानूश ठीक कहता है—यह घड़ी है, घड़ियाल नहीं है कि जब चाहा, बजा लिया।

हानूश : आप ऐसा कर सकते हैं कि महाराज जाएँ ही उस वक़्त जब घड़ी बजने वाली हो या बज रही हो?

हुसाक : यह कैसे हो सकता है? क्या महाराज इस इन्तज़ार में खड़े रहेंगे कि कब घड़ी बजे और वह जाएँ? वे खड़े-खड़े तुम्हारी घड़ी को ताक़ते रहेंगे?

[जार्ज पास आकर हुसाक के कान में कुछ कहता है, और कहकर हट जाता है।]

हुसाक : जानता हूँ, जानता हूँ। मुझे मालूम है।

[दरवाज़े की ओर बढ़ते हुए, घूमकर]

जार्ज, याद रहे, महाराज के सामने मेरे कान में मत कुछ फुसफुसाना। यह तुम्हारी बहुत बुरी आदत है। बात दो कौड़ी की करते हो और कान में आकर यों फुसफुसाते हो, जैसे कहीं बग़ावत हो गई हो! तुम जैसे लोगों को तो आज बुलाना भी नहीं चाहिए था। *(जाते हुए)* अब इधर शोर नहीं हो। और फिर से एक बार समझ लो—कोई खाँसे नहीं, खँखारे नहीं, जम्भाई नहीं ले, छींक नहीं मारे, अदब-क़ायदे से अपनी जगह पर खड़े रहे। कोई किसी से फुसफुसाकर बात नहीं करे।

[प्रस्थान। महाराज का प्रवेश। पीछे-पीछे मन्त्री, लाट पादरी, दो-एक अंगरक्षक आदि।]

महाराज : किधर है वह आदमी, जिसने घड़ी बनाई है?

[हानूश आगे बढ़कर आदाब बजा लाता है। हॉल में सन्नाटा। सभी लोग खड़े हैं।]

हानूश : हुज़ूर!

महाराज : कौन हो तुम?

हुसाक : हुज़ूर, हानूश नाम का कुफ़्लसाज़ है।

महाराज : तुमने यह घड़ी बनाई है?

हानूश : हुज़ूर।

महाराज : तुम्हारी घड़ी बजती क्यों नहीं? हम देर तक नीचे खड़े रहे, इस इन्तज़ार में कि अब बजेगी, अब बजेगी। यह कब बजेगी?

हानूश : हुज़ूर, अपने वक़्त पर बजेगी। अब जल्दी ही बजा चाहती है।

महाराज : अपने वक़्त पर बजेगी, हमारे वक़्त पर नहीं बजेगी?

[हँसते हैं। बड़ी कुर्सी पर बैठ जाते हैं।]

कहाँ के रहनेवाले हो?

हानूश : हुज़ूर, आप ही का बन्दा हूँ।

लाट पादरी : हमारे गिरजे के एक पादरी का भाई है।

[महाराज सिर हिलाते हैं।]

महाराज : हम तुमसे बहुत ख़ुश हैं, तुम बड़े होशियार आदमी हो। यह हुनर तुमने कहाँ से सीखा?

हानूश : हुज़ूर, बचपन में मैंने सुना था कि किसी देश में गिरजे पर एक घड़ी लगी है। वैसी ही घड़ी बनाने की ख़्वाहिश मेरे दिल में भी उठी।

महाराज : सीखा कहाँ से?

हानूश : हुज़ूर, बहुत लोगों ने मेरी मदद की है। यहाँ यूनिवर्सिटी में एक बड़े हिसाबदान हैं, उन्होंने मुझे बहुत-कुछ सिखाया है, शहर के लोहारों ने सामान बना-बनाकर मेरी बड़ी मदद की है। नगरपालिका वालों ने मदद की है।

महाराज : नगरपालिका वालों ने तुम्हारी क्या मदद की है?

हानूश : हुज़ूर, मैं बड़ा मुफ़लिस आदमी हूँ, घड़ी बनाना मेरे बूते के बाहर की बात थी। सबसे पहले मेरे बड़े भाई ने मेरी पीठ पर हाथ रखा। उन्होंने एक पुश्तैनी घर मेरे नाम कर दिया। फिर शहर के लोहार मेरी मदद करते रहे।

मगर घड़ी बनाने में बरसों लग गए। हुज़ूर, पिछले पाँच साल से नगरपालिका ने मेरी मदद की है, वे मुझे वज़ीफ़ा देते रहे हैं।

महाराज : तुमने हमसे मदद क्यों नहीं माँगी?

हानूश : हुज़ूर, अब घड़ी बन गई। यह सब आपकी ही दौलत है।

महाराज : हमसे माँगते तो हम तुम्हारी मुँहमाँगी मुराद पूरी करते।

[लाट पादरी महाराज के कान में कुछ कहता है।]

यह घड़ी ज़्यादा अच्छी है या उस देशवाली घड़ी?

हानूश : मेरी घड़ी में नक्षत्र भी दिखाए गए हैं हुज़ूर!

महाराज : दोनों में ज़्यादा बड़ी कौन-सी है—हमारी या वह घड़ी?

हानूश : हमारी घड़ी ज़्यादा बड़ी है।

महाराज : बहुत अच्छा! तुम्हें कितने दिन लग गए घड़ी बनाने में?

हानूश : बहुत वक़्त सर्फ़ हुआ मालिक—लगभग सत्रह साल लग गए।

महाराज : सत्रह साल! और हमें ख़बर तक नहीं हुई? घड़ी छिपकर बनाते रहे हो?

हानूश : हुज़ूर, जब तक कोई चीज़ बनकर तैयार नहीं हो जाए, मैं क्या दिखाऊँ? मैं इतना काम जानता था कि ख़ुद भी नहीं कह सकता था कि घड़ी कभी बनेगी या नहीं बनेगी।

महाराज : अगर अब एक और घड़ी बनाना चाहो तो क्या उस पर भी सत्रह साल लगेंगे?

हानूश : नहीं हुज़ूर, अब तो इसका भेद मालूम हो गया है, अब तो जल्दी बन जाएगी।

महाराज : दूसरी घड़ी कितनी देर में बनेगी—दो साल में? एक साल में?

हानूश : कुछ कह नहीं सकता, हुज़ूर! दो-एक साल में तो बन ही सकती है।

महाराज : क्या वह इससे बेहतर होगी?

हानूश : क्या कहूँ हुज़ूर, बेहतर भी हो सकती है। दूसरी बार घड़ी बनाते समय कोशिश तो यही रहती है कि पहली से बेहतर बने।

महाराज : *(हाँ में सिर हिलाते हैं। नगरपालिका के अध्यक्ष से)* दूसरी घड़ी बनवाओगे तो वह कहाँ पर लगेगी?

[सभी चुप हैं। जान जार्ज की ओर देखता है।]

हुसाक : जहाँ पर आप फ़रमाएँगे, हुज़ूर!

महाराज : इस घड़ी को लगाते समय तो तुमने हमसे नहीं पूछा। *(मुस्कुराते हैं।)* क्यों?

हुसाक : हुज़ूर, इसे आपके स्वागत के लिए यहाँ पर लगाया गया है, ताकि आप उसे मीनार पर लगा देख सकें। हुज़ूर के हुक्म के मुताबिक़, जहाँ हुज़ूर की ख़्वाहिश होगी, वहाँ पर इसे लगाया जाएगा।

महाराज : नहीं-नहीं, हमने घड़ी का यहाँ पर लगाया जाना मंज़ूर किया। यही मुनासिब है कि घड़ी नगरपालिका पर लगे। यह जगह शहर के बीचोबीच है, कारोबार का मरकज़ है। सैकड़ों लोग दूर-दूर से यहाँ पर रोज़ आते हैं। इसका रहना भी यहीं पर मुनासिब है।

टाबर : *(प्रोत्साहित होकर)* हुज़ूर, एक इल्तज़ा है!

महाराज : कहो!

टाबर : *(आगे बढ़कर)* हुज़ूर, घड़ी लग जाने से हमारे नगर में आनेवाले यात्रियों की संख्या बहुत बढ़ जाएगी, इसलिए एक नया महसूल लगा दिया जाए तो बेहतर होगा। इससे मुल्क को बहुत फ़ायदा होगा।

महाराज : *(स्वीकृति में सिर हिलाते हैं, महामन्त्री को इशारा करते हैं)* हम मानते हैं कि इस घड़ी को देखने बहुत लोग

आएँगे। बल्कि जो लोग बड़े गिरजे की तीर्थयात्रा पर आते हैं, अब इस घड़ी को भी देखना चाहेंगे।

[हानूश की ओर देखकर मुस्कुराते हैं। फिर हुसाक से]

तुम्हारी तजवीज़ पर ग़ौर किया जाएगा।

शेवचेक : *(तनिक आगे बढ़कर)* हुज़ूर का इक़बाल बुलन्द हो...

महाराज : तुम्हें कोई दरख़्वास्त पेश करना है?

शेवचेक : *(पर्चा उठाए हुए आगे आता है)* हुज़ूर।

महाराज : क्या है?

शेवचेक : हुज़ूर, आपकी दया से दस्तकारों-सौदागरों का कारोबार बढ़ रहा है। दिसावर के साथ तिज़ारत भी बढ़ रही है। यह सब आपकी दया से। लेकिन दरबार में अभी तक सौदागरों-दस्तकारों का एक भी नुमाइंदा नहीं है।

महाराज : क्या मतलब?

शेवचेक : हुज़ूर, तिज़ारत की बदौलत देश की दौलत बढ़ रही है। अब, जब आपके दरबार में हम हाज़िर रह सकेंगे तो आपको हमारी ज़रूरतों का पता रहेगा—हम अपने महाराज के सामने...

हुसाक : हुज़ूर, आज दस्तकारों की बदौलत देश मालामाल हो रहा है। हुज़ूर के दरबार में हमारे नुमाइंदे मौजूद होंगे तो आपको ही हमारे काम-काज का इल्म रहेगा। और हुज़ूर ख़ुद हमारी तकलीफ़ों पर ग़ौर फरमा सकेंगे। इस वक़्त अपने महाराज तक पहुँचना हमारे लिए नामुमकिन हो रहा है।

महाराज : *(सिर हिलाते हैं। लाट पादरी की ओर देखते हैं)* बेशक! इस तजवीज़ पर भी हम ग़ौर करेंगे।

[महामन्त्री उठकर महाराज के कान में कुछ कहता है। महाराज सिर हिलाते हैं।]

तुम कितने नुमाइंदे चाहते हो? कितने दस्तकार-जमातों के नुमाइंदों को दरबार में रखा जाए?

शेवचेक : कम-से-कम आठ नुमाइंदे हों, हुज़ूर। हमारे यहाँ दस्तकारों की सोलह जमाते हैं। दो जमातों के पीछे एक नुमाइंदा तो होना ही चाहिए।

महाराज : ग़ौर किया जाएगा।

हुसाक : हुज़ूर, क्या इसके लिए फिर दरख़्वास्त करना होगा?

महाराज : ग़ौर किया जाएगा। तुम दस्तकार लोग इतने उतावले क्यों हो रहे हो? नगरपालिका पर घड़ी लगाने में भी उतावले, और अब दरबार में नुमाइंदगी के लिए भी उतावले। हर बात वक़्त माँगती है। हम ग़ौर करेंगे। *(सहसा क्रुद्ध हो उठते हैं।)* किसकी इजाज़त से तुमने यहाँ पर घड़ी को लगा दिया है? हमें इसकी इत्तला क्यों नहीं दी गई? दस्तकार हमसे छिपकर काम करने लगे हैं। यह हमारी रियासत है। यहाँ हमारा हुक्म चलता है। हमारी इजाज़त के बिना कोई काम नहीं किया जा सकता। दस्तकार सरकश हो रहे हैं। हम इसकी इजाज़त नहीं देंगे।

[चुप्पी, सन्नाटा। दस्तकार गर्दन झुकाए खड़े हैं।]

हुसाक : जैसा महाराज फ़रमाएँगे।

महाराज : *(फिर हानूश की तरफ़ देखकर मुस्कुराते हैं)* अच्छा, यह बताओ, यह घड़ी तुमने क्या सोचकर बनाई थी?

हानूश : हुज़ूर, बचपन से ही मुझे घड़ी बनाने का शौक़ था। *(फिर सहसा याद करके)* हुज़ूर, यह घड़ी मैंने बनाई है—महाराज के राज्य की शान बढ़ाने के लिए, अपने महाराज की ख़ुशी के लिए, महाराज के क़दमों पर अपनी नाचीज़ ईजाद भेंट करने के लिए, महाराज की इस राजधानी की रौनक बढ़ाने के लिए।...

महाराज : *(ख़ुश होकर महामन्त्री से)* हम ख़ुश हुए। इसे एक हज़ार *(सोने की मोहरें)* दे दिए जाएँ। इसका महीना बाँध दो और यह घड़ी की देखभाल किया करे। आज से इस आदमी का रुतबा एक दरबारी का रुतबा होगा। यह हमारे दरबार में बैठा करेगा। *(हुसाक से)* लो, तुम्हारे एक आदमी को दरबार में नुमाइंदगी मिल गई।

[हॉल में ख़ुशी और हैरानी की हलकी-हलकी आवाज़ें।]

हुसाक : हुज़ूर, आपकी मेहरबानी से नगरपालिका पर घड़ी लग गई है। इससे देश को बड़ा लाभ होगा, हुज़ूर का नाम रौशन होगा। हुज़ूर...

महाराज : कहो, रुक क्यों गए?

हुसाक : अगर हुज़ूर की इजाज़त हो तो नगरपालिका हानूश कुफ़्लसाज़ से एक और घड़ी तैयार करवाए जिसे हुज़ूर के महल पर लगाया जाए।

महाराज : एक और घड़ी! किसलिए? *(हानूश से)* तुम एक और घड़ी भी बनाना चाहते हो? तुम कहते हो, इस एक घड़ी पर तुम्हारे सत्रह बरस लग गए!

हानूश : हुज़ूर, एक बार भेद मालूम हो जाए तो दूसरी घड़ी बनाने में देर नहीं लगेगी।

महाराज : *(महाराज उत्तेजित हो उठते हैं और सीधा तनकर बैठ जाते हैं)* कितनी देर में दूसरी घड़ी बना लोगे?

हानूश : क्या कहूँ, हुज़ूर, दो-एक बरस में भी बन सकती है। शायद जल्दी भी बन सकती है।

महाराज : वह इस घड़ी से भी बेहतर घड़ी हो सकती है?

हानूश : क्या कहूँ हुज़ूर, दूसरी घड़ी बनाने का तो ख़याल मेरे मन में आया ही नहीं। मैं तो अन्त तक इसी घड़ी से उलझा रहा।

महाराज : *(सिर हिलाता है)* उसके बाद एक साल में एक और घड़ी, तीसरी घड़ी भी बन सकती है। दूसरी से भी बढ़िया! वह कहाँ पर लगाओगे?

हानूश : हुज़ूर!

हुसाक : हुज़ूर आपकी मेहरबानी से नगर में घड़ीसाजों की एक जमात भी बन सकती है। हम घड़ियाँ बना-बनाकर दिसावर में भी भेज सकते हैं।

महाराज : ख़ूब! मतलब कि हमारी घड़ियाँ और शहरों में भी लगी होंगी। उन शहरों की भी रौनक़ बढ़ाएँगी?

हुसाक : हुज़ूर!

महाराज : तो फिर यहाँ घड़ी लगाने में क्या तुक है? अगर शहर-शहर में घड़ियाँ लगेंगी तो इस घड़ी की अहमियत ही क्या रह जाएगी? नदी के पार का तुला राज्य हमारा दुश्मन है। हमारी घड़ी उस राज्य में भी लग सकती है, क्यों? और भी जगह-जगह और मुल्क़ों में, और शहरों में लग सकती है?

हुसाक : आपकी इजाज़त के बिना तो हुज़ूर, पत्ता भी नहीं हिल सकता। आपकी जैसी इजाज़त होगी।

महाराज : हमारी इजाज़त तो जो होगी। तुम और तुम्हारी नगरपालिका इस आदमी से घड़ियाँ बनवा-बनवाकर बेचना चाहती है? तुम्हारा यही इरादा है? फिर इस घड़ी को यहाँ लगाने की ही क्या ज़रूरत थी? इसे भी किसी दूसरे देश में बेच दिया जाता! नगरपालिका को फ़ायदा होता! क्यों?

हुसाक : हुज़ूर!...

महाराज : आज तो दूर-दूर के लोग हमारी घड़ी को देखने आएँगे। जो चीज़ हमारे शहर में है, वह किसी दूसरे शहर में नहीं है। अगर और नगरों में भी होगी तो हमारी घड़ी को कौन देखेगा?

हानूश : सही है हुज़ूर!...

महाराज : *(हानूश से)* हानूश कुफ़्लसाज़! तुम झूठ बोले कि तुमने यह घड़ी हमारे मुल्क़ की शान बढ़ाने के लिए बनाई है।

हानूश : हुज़ूर! दूसरी घड़ी बनाने का मुझे तो ध्यान भी नहीं आया। इस एक घड़ी को ही बनाने में मेरी जवानी ढल गई है, हुज़ूर!

महाराज : तुम्हें ख़याल नहीं आया, मगर तुम्हारे सरपरस्तों को तो आया होगा। *(हुसाक की ओर देखकर)* यह बादशाह की तौहीन है कि एक घड़ी उसके क़दमों पर रखी जाए और वैसी ही बल्कि उससे भी बेहतर घड़ी किसी सौदागर के हाथ बेच दी जाए। क्यों, क्या कहते हो?

हुसाक : हुज़ूर...!

महाराज : *(चुपचाप सोचते रहते हैं)* हमारा फ़ैसला यह है कि इस आदमी को और घड़ियाँ बनाने की इजाज़त नहीं होगी।

हुसाक : हुज़ूर...!

[हॉल में सन्नाटा। महाराज हाथ उठाकर हुसाक को चुप रहने का इशारा करते हैं।]

महाराज : अगर हमारी राजधानी की रौनक़ बढ़ाने के लिए इस घड़ी को बनाया गया है तो फिर दूसरी घड़ी बनाने का मतलब? यह आदमी सिर्फ़ एक ही घड़ी बनाएगा, और यही वह घड़ी होगी जिसे वह बना चुका है। इसे कोई भी और घड़ी बनाने की इजाज़त नहीं होगी। अगर हमें पता चला कि यह कोई और घड़ी लुक-छिपकर बना रहा है तो इसे हम कड़ी सज़ा देंगे।... मगर इस आदमी का कोई एतबार नहीं है। सत्रह साल तक यह घड़ी बनाता रहा और हमें इसकी ख़बर तक नहीं हुई। चुपचाप इस घड़ी को नगरपालिका पर लगा दिया गया, हमें बाद में ख़बर दी गई। हमें उस वक़्त बताया गया

जब घड़ी लग चुकी थी। ऐसे आदमी पर कड़ी निगरानी रखने की ज़रूरत है।

हानूश : हुज़ूर, मेरा कोई इरादा दूसरी घड़ी बनाने का नहीं है।

महाराज : राज्य में सब काम सरकार की इजाज़त से होते हैं। तुमने हमसे घड़ी बनाने की इजाज़त क्यों नहीं ली?

हानूश : हुज़ूर, यह आप ही की दौलत है, आपको ही नज़र करने के लिए बनाई है।

महाराज : कल कोई दूसरी घड़ी बनाओगे और इसके लिए किसी दूसरे सरपरस्त से भी यही कहोगे। इस आदमी के रवैये को देखते हुए हमें इस बात का विश्वास नहीं है कि यह आदमी और घड़ियाँ नहीं बनाएगा।

[हॉल में सन्नाटा]

हुसाक : आपकी इजाज़त नहीं होगी हुज़ूर, तो हानूश दूसरी घड़ी नहीं बनाएगा।

महाराज : जो आदमी बरसों तक छिपकर घड़ी बना सकता है, वह छिपकर आगे भी घड़ी बना सकता है। एक घड़ी बना लेने से इसका लालच बढ़ गया है।

हुसाक : मैं नगरपालिका की तरफ़ से हुज़ूर को यक़ीन दिलाता हूँ...

महाराज : *(हाथ ऊँचा उठाकर)* हमें नगरपालिका से कहीं ज़्यादा एतबार हानूश कुफ़्लसाज़ पर है। इस आदमी को और घड़ियाँ बनाने की इजाज़त नहीं होगी। इस हुक्म पर अमल करवाने के लिए...*(थोड़ा ठिठककर)* हानूश कुफ़्लसाज़ को उसकी आँखों से महरूम कर दिया जाए। उसकी दोनों आँखें निकाल दी जाएँ। उसकी आँखें नहीं होंगी तो और घड़ियाँ नहीं बना सकेगा।

[हानूश का चेहरा ज़र्द पड़ गया है और वह बुत का बुत बना खड़ा है, मानो उसे काठ मार गया हो!]

हुसाक : इसकी आँखें न निकलवाइए, हुज़ूर, अन्धा आदमी क्या करेगा?

महाराज : हमने इस पहलू पर भी ग़ौर किया है। पहले हमने सोचा, इसके हाथ कटवा दें, लेकिन आँखें मौजूद हों तो हाथों के बिना भी घड़ी बन सकती है। पर आँखें निकल जाने से घड़ी बनाना मुश्किल होगा। *(महाराज उठ खड़े होते हैं)* इसे ले जाओ।

[दो अधिकारी आगे बढ़कर हानूश को पकड़ने के लिए आते हैं।]

याद रहे कि हानूश अब राजदरबारी है। पूरे अदब-क़ायदे से इसके साथ बर्ताव किया जाए।

[सहसा हानूश घबराकर आगे बढ़ आता है और घुटनों के बल बैठकर गिड़गिड़ाने लगता है।]

महाराज : ले जाओ...हानूश को पकड़कर बाहर...

हानूश : मालिक! मालिक! यह ज़ुल्म नहीं करो। मुझे ज़िन्दा दफ़ना दो मालिक, मगर मुझे अन्धा नहीं बनाओ—मा... लि...क!!!

[घड़ी बजने लगती है। महाराज उसकी आवाज़ सुनकर मन्त्रमुग्ध-से खड़े रह जाते हैं। हॉल में खड़े लोगों पर सकता-सा छा जाता है।]

महाराज : *(घड़ी के प्रति श्रद्धाभाव के साथ)* ऐसी नायाब घड़ी तो मुल्क में एक ही रह सकती है।

[महाराज बाहर जाने लगते हैं। पीछे लाट पादरी अपने गहरे लाल रंग के चुग़े में। महामन्त्री, हुसाक, कुछेक अन्य अधिकारी उनके पीछे-पीछे जाने लगते हैं।

घड़ी बजने के कारण बाहर तालियाँ पीटी जाने लगी हैं। ख़ुशी और समारोह की आवाज़ें आ रही हैं : 'हानूश, जुग-जुग जियो!'...'ख़ूब है, वाह-वाह!'... 'पूरे दस बजाए हैं' आदि।
घड़ी अब भी बज रही है। हानूश हताश-सा घुटनों के बल झुक जाता है और जैसे चीत्कार कर उठता है। दो अधिकारी उसके पास पहुँच जाते हैं।]

[पर्दा गिरता है।]

तीसरा अंक

दृश्य : 1

[लगभग दो साल का अरसा बीत चुका है। लोग हानूश की घड़ी के अभ्यस्त हो चुके हैं। वह अब कोई विशेष चमत्कार नज़र नहीं आती। हाँ, यात्रियों की भीड़ उसे देखने के लिए ज़रूर लगी रहती है। लोग हानूश के अन्धेपन के भी अभ्यस्त हो चुके हैं। उसकी स्थिति की विडम्बना इस बात में है कि उसे एक ओर अन्धा और दूसरी ओर राजदरबारी बना दिया गया है। इस कारण वह और भी ज़्यादा अकेला हो गया है। उसके स्वभाव में अवसाद और कटुता भर गई है।

पर्दा उठने पर प्रथम अंक का पहला दृश्य ही आँखों के सामने आता है। हानूश उसी घर में रहता है, लेकिन अब यह घर बड़ा आरामदेह और सुसज्जित हो गया है। बढ़िया पर्दे, अँगीठी पर बढ़िया प्लेटें आदि सजी हैं, आग तापने की अँगीठी है, बढ़िया मेज़-कुर्सियाँ हैं।

कात्या सदा की भाँति घर के काम-काज में व्यस्त है। मेज़ लगा रही है। पहले की तुलना में थकी-थकी और उदास लग रही है।

दरवाज़े पर हलकी-सी दस्तक। कात्या दरवाज़ा खोलती है। दहलीज़ पर हानूश का मित्र ऐमिल खड़ा है।]

ऐमिल : क्या हानूश अभी तक नहीं लौटा?

कात्या : नहीं। अभी आता ही होगा।

ऐमिल : अच्छा है, जो घर पर नहीं है। मैं तुम्हीं से बात करने आया हूँ।

कात्या : *(ठिठक जाती है)* क्या है ऐमिल? क्या कोई और बुरी ख़बर लाए हो? मुझे अब बात-बात पर डर लगने लगा है।

ऐमिल : डरने से काम कैसे चलेगा, कात्या? और अगर तुम डरने लगीं तो हानूश का क्या होगा?

कात्या : किसी बात में अब मेरा मन नहीं लगता। मुझे लगता है, समय की तेज़ धार है और हम उसमें बहे जा रहे हैं।

ऐमिल : मैं बुरी ख़बर नहीं लाया। मैं अच्छी ख़बर लाया हूँ।

कात्या : *(एकटक ऐमिल के चेहरे की ओर देखने लगती है)* क्या है?

ऐमिल : तुला से एक धनी सौदागर आया है, और वह चाहता है कि हानूश उसकी नगरपालिका के लिए घड़ी बना दे।

कात्या : और तुम इसे अच्छी ख़बर कहते हो?

ऐमिल : तुम मेरी बात को ध्यान से सुनो, कात्या।

कात्या : मैं जानती हूँ, तुम क्या कहना चाहते हो। अब तो हानूश केवल आँखों से अन्धा हुआ है। फिर जान से भी हाथ धो बैठेगा। तुम्हारे मशविरे से इस घर पर हमेशा मुसीबत आई है। तुम्हीं पहले उसे घड़ी बनाने के लिए उकसाते रहे हो और उसके अन्धा हो जाने पर भी तुम उसके पीछे पड़े रहते हो।

ऐमिल : कात्या, तुम क्या समझती हो, इस तरह हानूश कितने दिन तक ज़िन्दा रह पाएगा?

कात्या : अगर उसने मेरी मानी होती तो वह आज अन्धा भी नहीं हुआ होता। बादशाह सलामत ने खीज में आकर अपना हुक्म सुना दिया। उसे यह कहने की ज़रूरत ही क्या थी कि मैं और घड़ियाँ भी बना सकता हूँ?

ऐमिल : तुम अब भी ऐसा ही समझती हो, कात्या? तुम यह नहीं जानतीं कि उस हुक्म के पीछे एक चाल थी?

कात्या : चाल रही हो या नहीं रही हो। हम ग़रीब लोग बादशाहों से टक्कर नहीं ले सकते हैं। हमारी बिसात ही क्या है?

ऐमिल : बादशाह सलामत ने नगरपालिका की माँगें भी मंजूर कर लीं और धता भी बता दिया, उधर हानूश को अन्धा बनाकर गिरजेवालों को भी ख़ुश कर दिया।

कात्या : मैं हमेशा कहती रही, देखो हानूश, अपनी चादर देखकर पैर फैलाओ—नहीं तो, बड़े लोगों की लड़ाई में तुम कुचले जाओगे।

ऐमिल : वह न भी पड़ता तो भी कुचला जाता।

कात्या : क्यों कुचला जाता? क्या तुम कुचले गए हो? क्या बूढ़ा लोहार कुचला गया है? क्या हानूश का बड़ा भाई कुचला गया है?

ऐमिल : या तो तुम यह कहो कात्या, कि हानूश घड़ी ही नहीं बनाता। घड़ी बनाने का काम हाथ में ही नहीं लेता। कुफ़्लसाज़ था, कुफ़्लसाज़ ही बना रहता। लेकिन जो लोग कोई नया काम करेंगे, उन्हें तरह-तरह की जोखिमें तो उठानी ही पड़ेंगी। हानूश को अन्धा ही इसलिए किया गया कि महाराज सौदागरों और गिरजेवालों के बीच अपनी ताक़त को बनाए रखें।

कात्या : इसे मशविरे देनेवाले मज़े में ही रहे हैं, और वह कभी किसी का कन्धा पकड़कर तो कभी किसी का हाथ पकड़कर सड़कों की ख़ाक छानता फिरता है। *(रो पड़ती है)* पहले जब उसकी आँखें थीं तो सारा वक़्त घर पर बैठा रहता था। अब आँखें नहीं हैं तो सड़कों पर भटकता फिरता है, घर पर बैठ ही नहीं सकता।

ऐमिल : इसीलिए मैं तुम्हारे साथ बात करने आया हूँ, कात्या! अगर तुम उसका भला चाहती हो तो...

कात्या : अब मैं तुम्हारी कोई बात सुनना नहीं चाहती।

ऐमिल : हमें कोई-न-कोई क़दम तो उठाना ही पड़ेगा, वरना इस हालत में वह कैसे पड़ा रहेगा?

कात्या : तुम जो बात कहते हो, धमकी देकर कहते हो। मैं पहले से परेशान हूँ, तुम मुझे और भी परेशान करने चले आए हो।

ऐमिल : *(धीमी, स्नेहसिक्त आवाज़ में, हालाँकि ऐमिल भावुक व्यक्ति नहीं है)* तुम थोड़ा सोचो, कात्या। मैं जानता हूँ, तुम्हारे दिल पर क्या बीत रही है। पर यहाँ रहना हानूश के लिए नरक भोगने के बराबर है।

कात्या : उसे दुख है, मैं जानती हूँ, लेकिन उसके सिर पर छत तो है। बादशाह सलामत का दिया वज़ीफ़ा तो है जो वक़्त पर मिल जाता है। जैसे-तैसे दिन कट रहे हैं।

ऐमिल : तुम समझती हो, उसके लिए इस शहर में रहना आसान है? हर बार जब घड़ी बजती है तो उसके दिल पर छुरियाँ चलती हैं कात्या! ज़रा सोचो, तीन बार वह किसी-न-किसी बहाने उसे तोड़ने की कोशिश कर चुका है।

कात्या : क्या फिर उसने कोई बात की है?

ऐमिल : क्या यान्का ने तुम्हें नहीं बताया?

कात्या : नहीं! क्या हुआ? तुम लोग मुझसे छिपाते रहते हो। कोई भी अब मुझे कुछ नहीं बताता।

ऐमिल : कल फिर उसने घड़ी पर पत्थर फेंका था। यान्का को किसी बहाने उधर ले चलने को कहा और घड़ी के पास पहुँचकर...

कात्या : क्या पत्थर घड़ी को लगा?

ऐमिल : नहीं कात्या, अन्धा क्या पत्थर फेंकेगा! पत्थर सड़क के पार भी नहीं जा पाया। मगर तुम समझो, उसके मन की क्या हालत हो रही है।

कात्या : मैं यान्का और जेकब से कह दूँगी कि उसे चौक की तरफ़ नहीं ले जाया करें। जो भी उसे साथ में ले जाए, घड़ी की तरफ़ नहीं ले जाए।

ऐमिल : इससे क्या हानूश की परेशानी कम हो जाएगी? वह तो और भी ज़्यादा बढ़ेगी।

कात्या : मैं क्या जानूँ, क्या होगा! जहाँ क़िस्मत ही फूट जाए...

ऐमिल : हम हाथ-पर-हाथ रखकर भी तो नहीं बैठ सकते, कात्या! हानूश के लिए यहाँ से चले जाना बहुत ज़रूरी है। उसे ऐसी जगह पर ले जाना चाहिए जहाँ वह घड़ी की आवाज़ ही नहीं सुन पाए।

कात्या : नहीं, तुम ग़लत कहते हो। तुम कुछ नहीं जानते। क्या तुम समझते हो, घड़ी की आवाज़ सुने बिना वह जी सकता है? घड़ी को लेकर वह कुढ़ता है, मन-ही-मन छटपटाता है, उसे तोड़ने की कोशिश भी करता है पर उसकी जान घड़ी में ही है। उसकी आवाज़ सुनकर ही वह जी रहा है। तुम उसे किसी दूसरी जगह ले जाओगे तो उसे लगेगा, जैसे उसे अन्धे कुएँ में फेंक दिया गया है।

ऐमिल : मैं भी यही कहता हूँ, कात्या! तुमने अब ख़ुद अपने ही मुँह से कह दिया कि हानूश घड़ी के बिना नहीं जी सकता।

कात्या : तुम कहना क्या चाहते हो? मुझसे पहेलियाँ क्यों बुझा रहे हो?

ऐमिल : कात्या, हानूश आँखों से अन्धा है, लेकिन उसके हाथ सही-सलामत हैं। उसकी सूझ क़ायम है। वह अभी बूढ़ा नहीं हुआ है। उसके बदन में ताक़त है...।

कात्या : फिर?

ऐमिल : अगर वह फिर से घड़ी बनाने के काम में लग गया तो उसका दुख दूर हो जाएगा, उसकी जान में जान आ जाएगी।

कात्या : *(डर जाती है)* तुम क्यों उसे काँटों में घसीट रहे हो? तुम जानते हो, उसे घड़ी बनाने की मनाही है। बादशाह सलामत का ग़ुस्सा पहले ही बर्दाश्त नहीं हो पा रहा है, अब दूसरी घड़ी बनाएगा तो न जाने कौन-सी गाज हम पर गिरेगी!

ऐमिल : इसीलिए यह ज़रूरी है कि वह यहाँ से चला जाए। चुपचाप यहाँ से निकल जाए।

कात्या : निकलकर कहाँ जाए? किसी दूसरे देश में जाकर घड़ी बनाएगा तो बादशाह सलामत क्या उसे छोड़ देंगे? वह सारे परिवार को ज़िन्दा दफ़ना देंगे।

ऐमिल : तुम लोग भी उसके साथ जाओगे।

कात्या : बस, बस, मैं और सुनना नहीं चाहती।

ऐमिल : सुनो कात्या, तुला में वह सौदागर तुम लोगों को रहने के लिए मकान देगा। हानूश को बाक़ायदा वज़ीफ़ा मिलेगा। इसके साथ काम करने के लिए आदमी जुटाए जाएँगे। सामान जुटाया जाएगा। और वह फिर से अपने काम में लग जाएगा। फिर से घड़ी बनाने लगेगा, जो उसका हुनर है। हानूश अपना दुख भूल जाएगा।

कात्या : और बादशाह सलामत? क्या यह बादशाह सलामत के हुक्म की ख़िलाफ़वर्ज़ी नहीं होगी?

ऐमिल : बादशाह ने इसके साथ कौन-सी भलाई की है कि यह अन्धा बनकर भी उनका हुक्म बजा लाता रहे? उन्हीं के हुक्म से तो इसकी यह हालत हुई है।

कात्या : यह तुम क्या कहे जा रहे हो? तुम क्यों हमें बर्बाद करने पर तुले हुए हो?

ऐमिल : यह हानूश की ज़िन्दगी का सवाल है। उसकी हालत देखकर उसके बड़े-से-बड़े दुश्मन को भी उस पर रहम आएगा। और क्या हम मुँह बाए देखते रहें, और वह तिल-तिलकर मरता रहे? तुम्हें कुछ फ़ैसला तो करना ही होगा, कात्या! आज हानूश जहाँ जाएगा, लोग उसे पलकों पर बिठा लेंगे। जेकब उसके साथ होगा। वह घड़ी का सारा काम जानता है। जेकब उसकी आँखें होगा। दोनों मिलकर नई घड़ी बना लेंगे।

कात्या : मैं तो सोचकर भी काँप जाती हूँ। क्या तुमने हानूश से पूछा है?

ऐमिल : नहीं, मैं पहले तुमसे बात करना चाहता था। वह कोई भी फ़ैसला कर पाने की हालत में नहीं है। हम उसके अपने हैं, उसकी भलाई के लिए हमें ही सोचना होगा।

कात्या : नहीं ऐमिल, नहीं। मैं कहीं नहीं जाऊँगी। उसे भी कहीं नहीं जाने दूँगी।

ऐमिल : भले ही यहाँ वह तड़प-तड़पकर मर जाए?

कात्या : मैं उसे नहीं मरने दूँगी। यहाँ पर हमारा घर है, यह हमारा वतन है। दुख-सुख में दसियों लोग यहाँ हमारी मदद करनेवाले हैं। अब जो हो गया, सो हो गया। मैं परदेस में अन्धे पति को लेकर नहीं जाऊँगी।

ऐमिल : ठीक है कात्या, इसी तरह घिसटते-घिसटते हानूश को जीने की आदत पड़ जाएगी। ज़िन्दगी के बीस बरस तो घड़ी का गुर सीखने में निकल गए। अब वह जब उसका भेद जान गया है, तुम यही बेहतर समझती हो कि ज़िन्दगी के बाक़ी साल मौत का इन्तज़ार करता हुआ काट दे।

कात्या : एक दिन तो मरना ही है, आगे क्या और पीछे क्या! परदेस में मरने से अपने घर में मरना अच्छा है। और फिर...

ऐमिल : फिर क्या, कात्या?

कात्या : अब हानूश राजदरबारी है, दरबार में उसकी इज़्ज़त है। अच्छा खाता है, अच्छा पहनता है। घर तो बना हुआ है।

ऐमिल : कात्या, क्या तुम नहीं देख पातीं, हर बार जब दरबार लगता है तो वह दरबार में जाने से इनकार कर देता है? वह बौखला उठता है। उसे रातों नींद नहीं आती। और तुम तरह-तरह के वास्ते डालकर उसे दरबार में भेजती हो।

कात्या : धीरे-धीरे उसका मन ठिकाने आ जाएगा। क़िस्मत के साथ कोई कितनी देर तक लड़ सकता है! एक दिन तो झुकना ही पड़ता है।

ऐमिल : तो मैं तुला के सौदागर से कह दूँ कि तुम्हारा यही फ़ैसला है?

कात्या : मेरा यही फ़ैसला है, ऐमिल। इसमें सोचने की बात ही क्या है?

ऐमिल : मेरी बात का बुरा नहीं मानना कात्या, लेकिन मैं सच कहे बग़ैर रह भी नहीं सकता। तुम हानूश के साथ बहुत बड़ी दुश्मनी कर रही हो। तुम अपनी ख़ातिर अन्धे हानूश की जान ले रही हो।

कात्या : *(ठिठक जाती है)* एक दिन यह सुनना भी मेरी क़िस्मत में बदा था।

ऐमिल : मैं ठीक कहता हूँ। पिछले बीस साल तुमने मुफ़लिसी में काटे हैं। अब तुम ग़रीबी से डरती हो। अब भले ही हानूश दुखी हो, लेकिन घर में पैसा तो है, आराम तो है। तुम इसी आराम पर हानूश को कुर्बान कर रही हो। चलो, ठीक है, जवानी के दिनों में तुम्हें सुख नहीं दे पाया, अब अन्धा बनकर तो तुम्हें सुख दे रहा है।

कात्या : *(बिफरकर)* क्या मैं यह अपने लिए कर रही हूँ? उसे ठोकरें खाते देखती हूँ तो क्या मैं चाहती हूँ कि वह ठोकरें खाता रहे और मैं घर में आराम से पड़ी रहा करूँ? तुम समझते हो, वह अन्धा है तो मैं सुखी हूँ? क्या तुमसे यही सुनना बदा था?

ऐमिल : अपने दिल से पूछो कात्या, क्या वह इस हालत में कभी सुखी रह सकता है? अब वक़्त रहते उसकी जान बचाई जा सकती है। जेकब उसके साथ होगा। वह सब काम जानता है। फिर से घड़ी बनाएगा तो हानूश के दिल में जीने की चाह लौट आएगी। वह फिर से काम में लग जाएगा।

कात्या : नहीं, मैं उसे घर से बेघर नहीं होने दूँगी।

ऐमिल : अगर यही तुम्हारा फ़ैसला है कात्या, तो मैं अब सीधा हानूश के साथ बात करूँगा। मैंने सोचा था कि तुम मान जाओगी तो सब काम सुभीते से हो जाएगा। लेकिन वह मेरा दोस्त है, मैं उसे तिल-तिलकर मरते नहीं देख सकता।

कात्या : तुम हमारा घर बर्बाद करने पर तुले हो। इसमें तुम्हारा क्या जाता है?

ऐमिल : यह मत भूलो कात्या, तुम लोग यहाँ से चले जाओगे, तो मैं तो यहाँ पर रहूँगा। महाराज को पता चल गया कि मैंने हानूश को भिजवाया है तो क्या वह मुझे छोड़ देंगे?

कात्या : तुम समझते हो, तुम्हारे कहने से वह चला जाएगा? तुमने कैसे समझ लिया कि वह और घड़ियाँ बनाना चाहता है? बल्कि यही कहता फिरता है कि मरने से पहले इस घड़ी को तोड़कर मरूँगा।

ऐमिल : तुम अच्छी तरह जानती हो कि वह ऐसा क्यों कहता है। वह अन्दर से दुखी है, बेचैन है। पहले दिन-रात

काम करता था, अब बिलकुल ख़ाली हो गया है। *(पास जाता है)* मान जाओ कात्या, कुछ जोखिम तो उठाना ही पड़ेगा। अपनी ओर से तो यही कोशिश होगी कि तुम लोग यहाँ से चुपचाप निकल जाओ, किसी को कानोंकान ख़बर तक न होगी।

[गली में शोर। भागते क़दम। 'हानूश को चोटें आई हैं।' ...'हानूश गिर पड़ा है।' ...'कहाँ पर है?' ...'चौक में है।' भागते क़दम। 'बादशाह सलामत की सवारी के सामने गिरा है।']

कात्या : हे भगवान, यह कौन-सी नई मुसीबत आ पड़ी है !

[ऐमिल भागकर खिड़की के पास जाता है।]

ऐमिल : क्या है? क्या हुआ?

गली से आवाज़ : हानूश ज़ख़्मी हो गया है।

ऐमिल : हुआ क्या है? कुछ बताओगे भी?

आवाज़ : सुना है, चौक में बादशाह सलामत की सवारी जा रही थी, वह घोड़ों के आगे पड़ गया। घोड़ों के नीचे रौंदा गया है।

कात्या : हे भगवान! *(चीख़ उठती है)*

ऐमिल : जेकब और यान्का भी तो उसके साथ थे?

आवाज़ : मुझे मालूम नहीं। मैंने अपनी आँखों से नहीं देखा।

ऐमिल : क्या बहुत ज़्यादा चोटें आई हैं?

आवाज़ : घोड़ों की टाँगों में कोई अन्धा गिरेगा तो चोटें नहीं आएँगी?

ऐमिल : वह जेकब भागता आ रहा है। जेकब! जेकब!

[नज़दीक आते क़दमों की आवाज़।]

जेकब : *(बाहर से)* हानूश चाचा को चोटें आई हैं, लेकिन डर की कोई बात नहीं। बचाव हो गया है। वह ठीक-ठाक हैं। मैं आपको बताने आया हूँ। यान्का उनके पास है।

कात्या : *(कमरे के बीचोबीच खड़ी है)* हे भगवान!

ऐमिल : *(खिड़की पर से हट आता है)* चिन्ता नहीं करो, कात्या। डर-ख़तरे की कोई बात नहीं। जेकब कहता है, चिन्ता की कोई बात नहीं।

[जेकब हाँफता हुआ अन्दर आता है।]

कहीं हड्डी-वड्डी को तो जरब नहीं आई?

जेकब : नहीं, मामूली चोटें आई हैं। चाचा बच गए हैं, लेकिन हादसा बहुत बुरा हो सकता था।

ऐमिल : बात क्या हुई? तुम लोग उसके साथ थे, फिर यह कैसे हो गया?

जेकब : हम लोग चौक में खड़े थे। मैं चाचा के एक तरफ़ था, यान्का दूसरी तरफ़। हम धीरे-धीरे टहलते हुए बाग़ की तरफ़ जा रहे थे। चाचा बड़े ख़ुश जान पड़ते थे। उन्हें रोज़ की तरह आज भी कुछ लोगों ने फूल दिये। हम लोग चौक पार कर रहे थे जब दूसरी ओर से घोड़े दौड़ते हुए आए। महाराज की सवारी आ रही थी। हम लोग पीछे हटकर सड़क के किनारे खड़े हो गए। 'किधर से आ रही है?' हानूश चाचा ने पूछा। मैंने बताया तो कहने लगे, 'नज़दीक आ जाए तो बताना, मैं महाराज को आदाब बजा लाना चाहता हूँ।' मैंने कहा, 'ठीक है।' घोड़े जब नज़दीक पहुँचे और मैंने इतना-भर कहा, 'लो चाचा, सवारी आ पहुँची'। तो हानूश चाचा ने झटके से मेरा हाथ छुड़ा लिया, और मैं क्या देखता हूँ कि वह भागते हुए सड़क के बीचोबीच जा रहे हैं। यान्का उनके पीछे भागी, पर तब तक वह अगले घोड़े से टकरा चुके थे। ग़नीमत है कि वह घोड़े की टाँगों के नीचे नहीं आ गए। वह एक ओर को गिरे, वरना हड्डी-पसली नहीं बचती। बाएँ हाथ पर थोड़ी-सी चोट

आई है।...मैं अब जाऊँगा। आप फ़िक्र नहीं करें। लोहार चाचा उनकी पट्टी कर रहे हैं। हम उन्हें अभी साथ ले आएँगे।

[प्रस्थान।]

[एमिल और कात्या कुछ देर के लिए चुपचाप खड़े रहते हैं।]

कात्या : ऐमिल! क्या तुम समझते हो, हानूश जानबूझकर गाड़ी के आगे कूदा होगा?

ऐमिल : जो कुछ जेकब ने बताया है, उससे तो ऐसा ही जान पड़ता है।

कात्या : उसने ऐसा क्यों किया ऐमिल? उसने ऐसा क्यों किया?

ऐमिल : घबराओ नहीं कात्या! क्या मालूम, उसने अपनी जान पर खेल जाने के लिए ऐसा नहीं किया हो! क्या मालूम, वह बादशाह सलामत को केवल अपनी हालत दिखाना चाहता हो, अपना ग़ुस्सा ज़ाहिर करना चाहता हो!

कात्या : नहीं, उसने जान-बूझकर ऐसा किया है। उसने अपनी जान पर खेल जाने की कोशिश की है। वह एक दिन इसी तरह अपनी जान ले लेगा। मैं क्या करूँ? कहाँ जाऊँ?

ऐमिल : वह बड़ा दुखी है, कात्या! दो साल बीतने को आए, लेकिन वह अभी तक सँभल नहीं पाया।

कात्या : वह बोलता क्यों नहीं? कुछ कहता क्यों नहीं? पहले अपने दिल की बात कभी भी मुझसे नहीं छिपाता था, अब कुछ भी नहीं कहता, गुमसुम बना रहता है; या थोथे मज़ाक करता रहता है, ताकि मैं समझूँ कि वह ख़ुश है।

ऐमिल : उसे अभी भी यह बात सालती रहती है कि वह ज़िन्दगी में तुम्हें सुख नहीं दे पाया। जवानी में घड़ी के पीछे

पागल बना रहा, तुम्हें मुफ़लिसी में रखा, और अब अन्धा-मोहताज़ बनकर तुम पर बोझ बना हुआ है।

कात्या : *(देर तक चुप खड़ी रहती है, फिर धीरे से घूमकर)* तुम समझते हो, यहाँ से चले जाने पर उसका दिल ठिकाने आ जाएगा?... मैं समझती थी, उसके अन्दर गुस्से की आग धधक रही है, पर मुझे क्या मालूम कि वह अपनी जान से भी आजिज़ आ गया है।

ऐमिल : अन्धे आदमी की दुनिया ही दूसरी होती है कात्या! न जाने वह किन परछाइयों के साथ जूझता रहता है! हमें फिर से उसे आँखें देनी होंगी।

कात्या : *(देर तक ऐमिल की ओर देखती रहती है)* तुम्हारा सुझाव मुझे मंज़ूर है। अगर यहाँ से चले जाने में ही उसका भला है तो मुझे मंजूर है। ऐमिल, तुम जैसा कहो, मैं वैसा ही करूँगी। मैं हानूश को लेकर यहाँ से चली जाऊँगी। हम सब चले जाएँगे। उसे इस नरक से तो छुटकारा मिलेगा। तुमने हानूश से कभी बात की है?

ऐमिल : साल-भर पहले एक बार कहा था।

कात्या : क्या कहता था?

ऐमिल : बहकी-बहकी बातें करता था कि मैं यहाँ से तभी जाऊँगा जब इस घड़ी को तोड़ लूँगा। फिर कहने लगा, मैं कात्या को बहुत दुख दे चुका हूँ, अब उसे और परेशान नहीं करना चाहता।

कात्या : *(चुप रहती है, फिर कपड़े के छोर से आँसू पोंछती है)* हम एक-दूसरे का भला चाहते हुए भी एक-दूसरे को सुख नहीं दे पाए।

ऐमिल : हानूश समझता है कि घड़ी को तोड़कर वह बादशाह से अपना बदला ले लेगा, मगर वह नहीं समझता कि घड़ी रहे या टूटे, बादशाह की बला से। बादशाह को इसमें कोई दिलचस्पी नहीं।

कात्या : वह सौदागर तुमसे क्या कहता था? कहाँ से आया है वह?

ऐमिल : तुला से आया है। अक्सर आता रहता है।

कात्या : हम यहाँ से चले जाएँगे ऐमिल।

ऐमिल : अगला महीना तीर्थयात्रा का महीना है। तुम लोग भी तीर्थयात्रा के बहाने यहाँ से निकल जा सकते हो।

कात्या : तीर्थयात्रा! अन्धा हानूश किसके दर्शन करने जाएगा? *(मानो अपने से बात कर रही हो।)* हम सोचते कुछ हैं, होता कुछ है।

[गली में हलका-सा शोर। हानूश का प्रवेश।]

हानूश : कात्या, मुझे कोई चोट नहीं आई, फ़िक्र की कोई बात नहीं। तुम कहाँ हो, कात्या?

[कात्या हाथ आगे बढ़ाकर हानूश को थाम लेती है।]

हानूश : कुछ गाड़ीवान भी इस तरह घोड़ों को दौड़ाते हैं, इतना भी नहीं देखते कि कोई भला आदमी सड़क लाँघ रहा है।

कात्या : तुम बैठ जाओ। इधर आकर बैठ जाओ।

हानूश : अब मुझे क्या मालूम था कि झट से बादशाह सलामत की सवारी इधर से आ जाएगी! इसी तरह तो हादसे होते हैं।...तुम चुप क्यों हो कात्या? जब भी तुम मुझ पर नाराज़ होती हो, चुप्पी साध लेती हो। इसमें सचमुच मेरा कोई दोष नहीं है। गाड़ी अचानक एक ओर से आ गई। बच्चों से पूछ लो, ये लोग भी हैरान रह गए। जेकब तो मुझे पीछे खींचता रह गया।

कात्या : *(आगे बढ़कर उसका हाथ थाम लेती है)* ठीक है, ठीक है, तुम कुछ मत कहो। आराम से बैठ जाओ।

हानूश : तुम नाराज़ हो, मैं जानता हूँ। तुम समझती हो, मैं तुम्हारा चेहरा नहीं देख सकता। तुम्हारा चेहरा सारा वक़्त मेरी आँखों के सामने रहता है। जब तुम नाराज़ होती हो तो तुम्हारे चेहरे की एक-एक शिकन मैं देख सकता हूँ।

[कात्या उसका सिर सहलाती है। मुस्कुराती है।]

हानूश : मैं जानता हूँ, तुम मेरा दिल रखने के लिए मुस्कुरा रही हो।

कात्या : तुम्हें तो मालूम था कि वह बादशाह सलामत की गाड़ी थी।

हानूश : मैंने सोचा, बादशाह सलामत की सवारी आ रही है, आगे बढ़कर आदाब बजा लाऊँ। अब कात्या, यह तो नहीं हो सकता कि बादशाह सलामत की सवारी गुज़रे और मैं आदाब भी नहीं बजा लाऊँ?

कात्या : अभी कह रहे थे कि अचानक कोई गाड़ी उधर से आ गई, अब कह रहे हो, बादशाह सलामत की सवारी आ रही थी।

हानूश : कहती तो तुम ठीक हो, मगर अब मुझे ठीक-ठीक याद नहीं, मैं गिर जो गया था, और घुटनों पर चोट आई थी।

कात्या : *(हानूश का सिर सहलाते हुए)* तुम मेरे साथ छल-फ़रेब नहीं किया करो।

हानूश : *(कात्या का हाथ पकड़कर)* तुम्हारे साथ छल करूँगा, कात्या?

कात्या : तुम क्या जानबूझकर बादशाह सलामत की सवारी के आगे कूद नहीं गए थे? इसलिए कि तुम उनकी गाड़ी के नीचे कुचले जाओ।

[हानूश चुप रहता है।]

कात्या : बोलो, चुप क्यों हो गए?

हानूश : नहीं तो, कात्या, ऐसी कोई बात नहीं है। यों ही तरह-तरह के क़यास लगाती रहती हो। बड़ी अजीब बात है, कात्या। अब मुझे कभी-कभी बिलकुल भूल जाता है कि मैं अन्धा हूँ। अब इस वक़्त मैं घर में बैठा हूँ, मुझे लगता है, मैं सबकुछ देख रहा हूँ—कौन-सी चीज़ कहाँ पर है। अन्धों की दुनिया इतनी अँधियारी नहीं होती, कात्या। हम नाहक उनके बारे में परेशान होते रहते हैं।...तुम फिर चुप हो गई हो, क्या फिर मैं कोई भूल कर बैठा हूँ?

कात्या : तुम आराम से चुपचाप बैठो। यान्का, बापू के लिए थोड़ा दूध ले आओ।

हानूश : कात्या, कभी-कभी ऐसा ज़रूर होता है, मुझ पर जनून-सा चढ़ जाता है। हर बार जब घड़ी बजती है तो मुझे लगता है, मेरे अन्धेपन का मज़ाक उड़ा रही है। जब बजती है तो लगता है, सभी लोग हँसने लगे हैं—बादशाह अपने महल में, लाट पादरी अपने गिरजे में हँस रहा है। सभी हँस रहे हैं; और मुझ पर एक अजीब पागलपन-सा छाने लगता है। *(थोड़ा रुककर)* पर कभी-कभी, तुमसे क्या कहूँ, मुझे ऐसा लगता है, जैसे मेरी आँखें लौट आई हैं, जैसे चारों ओर रोशनी छिटकी हुई है और मैं सबकुछ देख पा रहा हूँ, और मुझे लगता है, जैसे मेरे हाथ फिर से घड़ी बनाने में लगे हुए हैं, और वह ऐसी घड़ी, जो हर बार बजने पर मानो कह रही है कि हानूश न तो अन्धा हुआ है, न मरा है...

कात्या : तुम सचमुच एक दिन घड़ी बनाओगे हानूश, तुम्हारी आँखें सचमुच लौट आएँगी।

हानूश : मैं भी कैसा पागल हूँ! अन्धे लोग आँखोंवालों से भी ज़्यादा बचकाना सपने देखते हैं। क्या मैं नहीं जानता

कि न मेरी आँखें लौट सकती हैं और न मैं घड़ी बना सकता हूँ?

कात्या : तुम अन्दर चलकर आराम करो।

हानूश : मुझे हुआ क्या है कात्या, मैं तो बिलकुल ठीक-ठाक हूँ।

कात्या : नहीं-नहीं, चलो अन्दर। *(यान्का से)* तुम थोड़ी देर के लिए आकर अपने बापू के पास बैठो। आओ, यान्का।

[कात्या हानूश को सहारा देकर पिछले कमरे में ले जाती है। पीछे-पीछे यान्का भी अन्दर चली जाती है।]

ऐमिल : *(जेकब से)* यहूदी सराय तो देखी है, जहाँ यहूदी सौदागर आकर रहते हैं?

जेकब : हाँ, वह पास ही तो है।

ऐमिल : वहाँ फ़ौरन चले जाओ। वहाँ जोर्जी नाम का तुला का एक सौदागर ठहरा हुआ है। मोटा-सा सौदागर है। तुम पहचान लोगे।

जेकब : अच्छी बात है।

[मगर ठिठक जाता है।]

ऐमिल : सुनो जेकब, मुमकिन है, तुम्हें यह शहर छोड़कर जल्दी ही यहाँ से चले जाना पड़े।

जेकब : क्यों, क्या बात है? क्या कोई नई बात हुई है?

ऐमिल : तुला का सौदागर तुम्हें सब बता देगा।

[जेकब चला जाता है।]

कात्या : *(अन्दर दाख़िल होते हुए)* हम जल्दी ही यहाँ से चल देंगे ऐमिल। तुम्हें उस सौदागर ने क्या कहा था? जेकब कहाँ है?

ऐमिल : मैंने जेकब को उस सौदागर के पास भेजा है। *(आगे बढ़कर)* तुमने सुना कात्या, हानूश क्या कह रहा था? उसके अन्दर घड़ी बनाने की ख़्वाहिश अभी तक मौजूद है।

कात्या : नहीं ऐमिल, मुझे लगता है, जैसे हानूश बहक गया है। बहकी-बहकी बातें करने लगा है। मुझे तो सचमुच डर लगने लगा है।

ऐमिल : अन्दर की बौखलाहट उसे चैन नहीं लेने देती। पर जैसे भी हो, उसकी यह बेचैनी दूर करनी होगी।

कात्या : तुम समझते हो, वह मान जाएगा? यहाँ से चले जाने के लिए रज़ामन्द हो जाएगा? *(उत्तेजित हो उठती है)* यह बहुत बड़ी तब्दीली है, ऐमिल, बुढ़ापे में घर से बेघर होनेवाली बात है। अपना देश छोड़कर परदेस में कभी कोई सुखी नहीं हुआ और एक बार यहाँ से गए तो लौटना नामुमकिन होगा। और जो महाराज को पता चल गया तो बावले कुत्तों से हमें नुचवा देंगे। मेरा दिल धक्-धक् कर रहा है।

ऐमिल : यहाँ से बुरा नहीं होगा, कात्या, इत्मीनान रखो। कोई क़दम तो उठाना ही पड़ेगा। हानूश को इस हालत में नहीं छोड़ा जा सकता। तुम देख तो रही हो।

कात्या : *(धीरे से सिर हिलाती है)* मैं क्या जानूँ...शायद तुम ठीक कहते हो, ऐमिल!

[पिछले कमरे से हानूश का प्रवेश। दहलीज़ पर खड़ा है।]

हानूश : सुनो ऐमिल, कात्या, तुम लोग कहाँ हो?

ऐमिल : क्या है, हानूश? तुम सोए नहीं?

हानूश : तुम लोगों ने घड़ी को बजते सुना है?

[कात्या और ऐमिल एक-दूसरे की ओर देखते हैं।]

इस वक़्त तक उसे बजना चाहिए था, पर वह बजी नहीं। तुमने उसकी आवाज़ सुनी है?

ऐमिल : क्या बहकी-बहकी बातें कर रहे हो, हानूश! तुम्हें आराम करना चाहिए! कुछ देर के लिए जाकर सो जाओ।

हानूश : उसे अब तक बजना चाहिए था। बहुत-सा वक़्त ऊपर हो गया है। घड़ी नहीं बजी। तुमने उसकी आवाज़ सुनी, कात्या?

कात्या : नहीं तो। मैंने ध्यान नहीं दिया, हानूश! ज़रूर अपने वक़्त पर बजी होगी।

हानूश : जेकब, तुमने घड़ी को बजते हुए सुना?...जेकब?

कात्या : जेकब यहाँ पर नहीं है हानूश, वह बाहर गया है।

हानूश : यान्का, तुमने सुनी?

यान्का : नहीं बापू, मैंने भी उसकी आवाज़ नहीं सुनी। मैं तो तुम्हारे साथ अन्दर बैठी थी।

हानूश : घड़ी नहीं बजी है, उसे बजना चाहिए था। जब पिछली बार बजी थी तो तुमने सुना था, कात्या? क्यों ऐमिल, क्या तुमने आवाज़ सुनी थी?

कात्या : हानूश को एक-एक पल का अन्दाज़ रहता है, सारा वक़्त उसके कान घड़ी की ओर लगे रहते हैं। शायद वह सचमुच नहीं बजी है।

हानूश : घड़ी बन्द हो गई है। सुनती हो कात्या, लगता है, घड़ी बन्द हो गई है।

[वह अत्यधिक व्यग्र और उत्तेजित हो उठता है। अपने-आप आगे को बढ़ता है और ठोकर खाकर गिरते-गिरते बचता है।]

जेकब! जेकब! कहाँ हो तुम? घड़ी बन्द हो गई है। कहाँ गया है जेकब? ज़रूर घड़ी बन्द हो गई है। ज़रूर पुर्ज़ों को जंग लगता रहा है। मीनार में सीलन थी। मैंने पहले ही कहा था, मीनार में सीलन है।

कात्या : *(आगे बढ़कर)* बन्द हो गई है तो तुम्हारी बला से! अच्छा हुआ जो बन्द हो गई। तुम भी तो यही चाहते थे कि बन्द हो जाए। वह अपने-आप ही बन्द हो गई।

हानूश : हाँ, अच्छा हुआ, बन्द हो गई। मेरी बला से। दो साल भी नहीं चली। कोई पुर्ज़ा टूट गया होगा। मगर कौन-सा पुर्ज़ा? चलो, अच्छा हुआ, अपनी मौत मर गई। हम दोनों में होड़ चल रही थी कि पहले कौन दम तोड़ता है...नीचे धुरे में भी ज़ंग लग गया होगा। मीनार में सीलन थी। चलो, अच्छा हुआ, बहुत अच्छा हुआ।

कात्या : बैठो हानूश, मैं तुम्हारे साथ एक बहुत ज़रूरी मसले पर बात करना चाहती हूँ। हम सब लोग यहाँ से जा रहे हैं। हम यह शहर छोड़ रहे हैं।

हानूश : क्या कहा? क्यों? क्या बादशाह सलामत की ओर से कोई हुक्मनामा आया है? क्या महाराज ने देशनिकाला दे दिया? क्या भाईजान ने कुछ कहा है?

कात्या : नहीं हानूश, मैंने फ़ैसला किया है कि हम लोग यहाँ पर नहीं रहेंगे। यहाँ से चले जाएँगे। तुला में जाकर रहेंगे।

हानूश : तुला में! तुला में क्यों?

ऐमिल : हम तुला में जाएँगे और वहाँ पर तुम दूसरी घड़ी बनाओगे।

हानूश : तुम क्या कह रहे हो, ऐमिल? अन्धे के साथ मज़ाक कर रहे हो?

ऐमिल : हमने सब सोच लिया है।

हानूश : अब इन आँखों से मैं घड़ी बनाऊँगा? तुम यह क्या कह रहे हो? हमें वहाँ जाने कौन देगा? यह कौन-सा नाटक खेल रही हो, कात्या?

कात्या : मैं कोई नाटक नहीं खेल रही हूँ, हानूश! मैं सच्चे दिल से चाहती हूँ कि हम लोग यहाँ से चले जाएँ। तुम वहाँ कुछ काम करोगे, यहाँ पड़े-पड़े क्या करोगे?

हानूश : मेरी पीठ पीछे फ़ैसले करते हो, मुझसे पूछा तक नहीं! ये सब फ़िज़ूल बातें हैं। अब घड़ी नहीं बन सकती।...जो घड़ी बनाई भी थी, वह भी चुप हो गई है। ज़रूर अन्दर से टूट-फूट गई है, वरना चुप क्यों हो जाती? मुझे इस काम से नफ़रत हो गई है।

कात्या : दिन में दो-तीन बार जब तक घड़ी के चक्कर नहीं लगा लो, तुम्हें चैन नहीं मिलता, मुझसे क्या छिपा है?

[गली में चलते क़दमों की आवाज़। लोग बातें कर रहे हैं :]

'हानूश की घड़ी बन्द हो गई है।'
'बन्द हो गई है! तुमने कैसे जाना?'
'सैकड़ों यात्री देर से मीनार के सामने खड़े हैं। सुइयाँ खड़ी-की-खड़ी हैं। न मुर्ग़ ने बाँग दी है, न सन्त दर्शन देते हैं। घड़ी बिलकुल चुप है।'

ऐमिल : सुनो जी, तुम क्या कह रहे हो? क्या घड़ी बन्द हो गई है?

आवाज़ : हाँ, बन्द हो गई है। चौक पर यात्रियों की भीड़ लगी है।

हानूश : *(उठ खड़ा होता है)* मैंने कहा था न, घड़ी बन्द हो गई है। जेकब कहाँ है? जेकब?

[उत्तेजित है, तन-बदन से काँप रहा है।]

कात्या, जेकब कहाँ है? उससे कहो कि जाकर देखे, घड़ी को क्या हुआ है।

कात्या : *(उठकर उसके पास जाती है)* अब तुम्हें क्या पड़ी है हानूश? जो बन्द हो गई है तो तुम क्या कर सकते हो?

हानूश : हाँ, मैं कर ही क्या सकता हूँ! यों केवल जानना चाहता था कि क्यों टूटी है। मैं कर ही क्या सकता हूँ! ज़रूर

धुरा टूटा होगा। मुझे उस वक़्त भी शक था कि धुरा कमज़ोर है। मगर दो बरस में ही धुरा कैसे टूट गया? और मैं सोचे बैठा था कि मेरे मरने के बाद भी घड़ी चलती रहेगी।...क्या जेकब नहीं लौटा?

[सीढ़ियों पर क़दमों की आवाज़]

जेकब आ गया है। जेकब, तुम सीधे चौक में जाओ। देखो तो क्या बात है! घड़ी बन्द हो गई है।

[दरवाज़ा खुलने पर दहलीज़ पर सरकारी अधिकारी खड़ा है—गठीला, कठोर, निर्मम चेहरेवाला। उसके पीछे उसका सहायक अधिकारी है।]

अधिकारी : हानूश? हानूश कुफ़्लसाज़?

[सब चुप हो जाते हैं। ऐमिल आगे बढ़ता है।]

ऐमिल : फरमाइए!

अधिकारी : हानूश! आपको बड़े वज़ीर ने तलब किया है। आप हमारे साथ चलिए।

ऐमिल : बड़े वज़ीर ने तलब किया है! क्या बात है?

अधिकारी : हमें हुक्म हुआ है कि हानूश कुफ़्लसाज़ को अपने साथ लेकर आएँ। घड़ी बन्द हो गई है। इसी के सम्बन्ध में आपको बुलाया है।

हानूश : *(आगे बढ़कर)* घड़ी बन्द हो गई है, इसका मुझे भी अफ़सोस है, लेकिन इसमें मैं क्या कर सकता हूँ?

अधिकारी : यह हम नहीं जानते। आपको जो कुछ कहना हो, बड़े वज़ीर से कहिए। आप हमारे साथ चलिए। बड़े वज़ीर जानना चाहते हैं कि घड़ी क्यों बन्द हो गई है।

हानूश : मैं क्या जानूँ जनाब, घड़ी क्यों बन्द हो गई है? उसमें ज़रूर कोई नुक़्स पैदा हो गया होगा। मैं उन्हें क्या बता सकता हूँ कि क्यों बन्द हो गई है!

अधिकारी : यात्रा के दिनों में हज़ारों लोग घड़ी देखने के लिए देश में आए हैं, इधर घड़ी ने चलना बन्द कर दिया है। बादशाह सलामत इस पर बहुत नाराज़ हैं।

हानूश : जब से मेरी आँखें नुचवा दी गई हैं, मैंने घड़ी को नहीं देखा है, केवल उसकी आवाज़ सुनी है। अब वह बन्द हो गई है तो मैं इसमें क्या कर सकता हूँ?

अधिकारी-1 : इसकी देख-रेख के तो आप ही ज़िम्मेदार हैं। सरकार आपको इसके लिए वज़ीफ़ा देती है।

हानूश : जी, दुरुस्त है, मुझे वज़ीफ़ा मिलता है। मगर अन्धी आँखों से मैं उसकी क्या देखभाल कर सकता हूँ?

अधिकारी-2 : ये सब बातें आप बड़े वज़ीर से कहिए। आप हमारे साथ चलिए।

अधिकारी-1 : बादशाह सलामत चाहते हैं कि आप घड़ी को जल्दी-से-जल्दी ठीक कर दें। उसका नुक़्स दूर हो गया तो बादशाह सलामत की नाराज़गी भी दूर हो जाएगी।

हानूश : *(मुस्कुराकर)* मैं नहीं समझता था कि इन दो आँखों की महाराज को फिर भी कभी ज़रूरत पड़ सकती है। अब अन्धा आदमी घड़ी कैसे ठीक कर सकता है?

अधिकारी-2 : आपको चलना होगा।

हानूश : मेरा सबसे बड़ा औज़ार मेरी आँखें हैं। उनके बिना मैं घड़ी को कैसे ठीक कर सकता हूँ?

अधिकारी-1 : अगर आपका यही जवाब है तो मैं उनसे यही कह दूँगा कि आप आने से इनकार करते हैं।

कात्या : नहीं हानूश, तुम इनके साथ जाओ। बड़े वज़ीर को समझाओगे तो वह समझ जाएँगे।

अधिकारी-2 : यह मत भूलिए कि महाराज बहुत नाराज़ हैं।

हानूश : *(मुस्कुराकर)* मेरी ही घड़ी के पास मुझे घसीटकर ले जाओगे?

अधिकारी-2 : अब वह घड़ी आपकी नहीं है। अब वह रियासत की घड़ी है।

हानूश : मैं भी कितना पागल हूँ! अपनी हैसियत को न आज तक समझा, न पहचाना। ऐमिल, तुम ठीक कहते थे कि बादशाह सलामत ने तुम्हें अन्धा बनाया है, पर इससे एक दिन तुम्हारी आँखें खुल जाएँगी। तुम्हें स्याह और सफ़ेद की पहचान आ जाएगी। *(रुक जाता है फिर धीमी आवाज़ में)* चलिए साहिब, मैं आपके साथ चलूँगा। मैं आपके पीछे-पीछे, एक वफ़ादार कुत्ते की तरह, आपके क़दमों में लोटता हुआ चलूँगा।...क्योंकि मैंने एक दिन घड़ी बनाई थी।

अधिकारी-1 : आपका शागिर्द कहाँ है? वही, जो घड़ी की देखभाल में आपकी मदद करता है?

हानूश : उसकी ज़रूरत नहीं होगी, मैं ख़ुद ही घड़ी को ठीक कर लूँगा।

कात्या : *(डरकर)* हानूश!

हानूश : क्या है, कात्या? घबराओ नहीं...चलिए साहिब... बादशाह सलामत अपने दिल की मुराद पूरी करें, मैं अपने दिल की। चलिए, मैं तैयार हूँ।

[दोनों अधिकारियों के साथ हानूश का प्रस्थान]

कात्या : *(ऐमिल से)* हानूश मौत के मुँह में जा रहा है, मुझे डर लगता है। मैं क्या करूँ? ऐमिल, मुझे लगता है कि वह कोई ख़ौफ़नाक हरकत करने जा रहा है।

ऐमिल : अन्धा आदमी क्या करेगा, कात्या?

कात्या : वह घड़ी को तोड़ने जा रहा है। मैं जानती हूँ। वह समझता है, इसे तोड़कर सरकार से बदला लेगा।

ऐमिल : नहीं कात्या, उससे कुछ भी बन नहीं पाएगा। वह अपने-आप दो क़दम तक तो चल नहीं सकता। मीनार

में वह क्या करेगा? अधिकारी सारा वक़्त उसके सिर पर खड़े होंगे।

कात्या : ऐमिल, तुम जेकब को उसके पास भेजो! जैसे भी हो, जेकब को उसके पास भेजो!

ऐमिल : जेकब तो शहर छोड़ चुका होगा, कात्या। अब तक तो वह पुल पार कर चुका होगा। जाने कहाँ पहुँच चुका होगा! उसे मैं कहाँ ढूँढ़ूँ?

कात्या : कैसी रात आई है!...और उसकी हर रात ही इतनी भयानक हुआ करती है।

[पर्दा गिरता है।]

दृश्य : 2

[घड़ी की मीनार। दाएँ-बाएँ की खिड़कियों में से हलका-सा प्रकाश। मीनार के अन्दर अँधेरा है। अन्दर की तरफ़ से घड़ी की मशीन की झलक मिलती है। सीढ़ियों पर क़दमों की आवाज़। मशालों की रोशनी मीनार के अन्दर पहुँचती है जिससे घड़ी के कुछेक पुर्ज़े नज़र आते हैं। एक अधिकारी और एक सरकारी कारिन्दे की निगरानी में हानूश को अन्दर लाया जाता है। अधिकारी और कारिन्दे के बीभत्स साए। उनके बीच एक कोने में खड़ा दुबला-पतला अन्धा हानूश।]

अधिकारी : घड़ी तुम्हारे सामने है हानूश! इसे तुम्हें ठीक करना होगा।

हानूश : तुम सचमुच समझते हो कि मैं इसे ठीक कर सकता हूँ?

अधिकारी-1 : बादशाह सलामत बहुत नाराज़ हैं, हानूश! घड़ी के कारण शहर में यात्रियों का ताँता लगा रहता है। घड़ी बन्द हो जाए तो रियासत को बहुत नुक़सान है। तुम्हें यह काम करना ही पड़ेगा जिसके लिए सरकार ने तुम्हें तलब किया है।

[सिपाही का प्रस्थान]

हानूश : क्या तुम सचमुच समझते हो कि मैं आँखों के बिना घड़ी को ठीक कर सकता हूँ?

अधिकारी-1 : इसकी मरम्मत तो तुम्हें करनी ही है।

हानूश : मुझे घड़ी के सामने ले चलो। घड़ी की बड़ी कमानी कहाँ पर है?

अधिकारी-1 : मैं क्या जानूँ, कमानी क्या होती है! कौन-सी कमानी?

हानूश : तुम मुझे घड़ी की मशीन के ऐन सामने ले चलो। बस, इतना ही, यही बहुत बड़ी मदद होगी।

अधिकारी-1 : आओ, मेरे साथ आओ।

[सीढ़ियों पर क़दमों की आवाज़। एक और सरकारी अधिकारी का प्रवेश।]

अधिकारी-2 : जेकब का कहीं पता नहीं चल रहा। उसे ढूँढ़ने के लिए आदमी भेजे गए हैं।

अधिकारी-1 : *(हानूश से)* क्या तुम्हें भी मालूम नहीं कि जेकब कहाँ पर है?

हानूश : सुबह के वक़्त जेकब मेरे साथ था। बाद में वह कहीं बाहर गया होगा। मुझे बताकर नहीं गया। *(हँसकर)* अन्धा आदमी क्या जाने—आँखोंवाले कहाँ रहते हैं, क्या करते हैं!

अधिकारी-1 : तुम ज़रूर जानते हो, जेकब कहाँ पर है। तुम बताना नहीं चाहते, क्योंकि तुम घड़ी की मरम्मत करना नहीं चाहते। इसका नतीजा अच्छा नहीं होगा। *(अधिकारी-2 से)* तुम बूढ़े लोहार को ले आओ। मुझे पता चला है कि वह इसके लिए घड़ी के कल-पुर्ज़े बनाता रहा है। उसे पकड़ लाओ। *(हानूश से)* जेकब अगर लापता हो गया है तो उसकी जगह तुम जिसे चाहो बुला सकते हो। हम उसे तुम्हारी मदद के लिए पकड़ लाएँगे। लेकिन घड़ी की मरम्मत तो तुम्हें करनी ही होगी। *(अधिकारी-2 से)* शहर में मुनादी करा दो कि हानूश का शागिर्द जेकब, जहाँ भी हो, घड़ी की मीनार में पहुँच जाए।

[अधिकारी-2 का प्रस्थान]

हानूश : आप मुझे हाँकते हुए यहाँ तक ले आए हैं और यहाँ मैं घड़ी को देख तक नहीं सकता।

अधिकारी-1 : कोई भी आदमी तुम्हारी मदद कर सकता है। कोई लोहार, कोई मज़दूर, जिसे तुम चाहो, बुला सकते हो।

हानूश : आप ही मेरी मदद कीजिए।

अधिकारी-1 : बोलो, क्या चाहते हो?

हानूश : एक काम कीजिए।

अधिकारी-1 : क्या है?

हानूश : इधर मीनार के अन्दर कहीं पर, शायद दाएँ कोने में, औज़ारों का बक्सा रखा है। वह मिल जाए तो इधर उठा लाइए।

अधिकारी-1 : *(बक्से को ढूँढ़ता है। औजार मिल जाते हैं।)* हाँ, है। यह रहा।

[उठाकर हानूश के सामने ले आता है।]

यह रहा तुम्हारा औज़ारों का बक्सा!

हानूश : ठीक है, शुक्रिया। अब आप बेशक तशरीफ़ ले जाइए। आप बेशक किसी भी आदमी को मेरी मदद करने के लिए भिजवा दें।

[हानूश चुपचाप खड़ा रहता है। अधिकारी चला जाता है। हानूश मीनार में अकेला रह जाता है। एक ओर घड़ी के कलपुर्ज़े मशालों की अस्थिर रोशनी में चमक रहे हैं, दूसरी ओर हानूश, निपट अकेला उनके सामने खड़ा है।
कुछ देर खड़ा रहने के बाद हानूश झुककर, टटोलते हाथों से उसमें से बड़ी-सी हथौड़ी निकाल लाता है। अपनी अन्धी आँखों से कुछ भी न देख पाते हुए वह, अनुमान लगाता हुआ, दो-एक क़दम घड़ी की ओर आगे बढ़ जाता है।]

हानूश : हथौड़े से कुछ तो टूटेगा। कोई पुर्ज़ा तो टूटेगा। किसी एक नाज़ुक पुर्ज़े पर भी इसका वार पड़ जाए तो घड़ी का काम- तमाम हो जाएगा। अगर लीवर पर कहीं जा लगे तो इसकी मरम्मत फिर कभी नहीं हो सकेगी। यह ठीक है। पेंडुलम कहाँ पर होगा? पेंडुलम मिल जाए तो उसके लीवर को तो खींचकर भी अलग किया जा सकता है।

[टटोलता हुआ घड़ी को छू लेता है।]

यह क्या है?

[घड़ी को छूते ही जैसे उसके तन-बदन को बिजली छू जाती है। वह घड़ी के पुर्ज़े को पकड़े रहता है। साथ वाले दो-तीन पुर्ज़ों को छूकर]

यह कौन-सा हिस्सा है? हाँ, यह घड़ी ही है...यही मेरी घड़ी है।

[सहलाते हुए-सा उसे पहचानने की कोशिश करता है।]

इधर...इधर बड़ा चक्कर होना चाहिए। क्या यही चक्कर है? *(हाथ फेरता है)* यह रहा! कैसा बेजान पड़ा है। ज़रा भी हरकत नहीं है।...धुरा मिल गया, यही है...अब पेंडुलम कहाँ हो सकता है...जेकब मेरे साथ होता तो झट से बता देता कि कौन-सा पुर्ज़ा कहाँ पर है। उसे सब मालूम है।...अच्छा है, वह यहाँ पर नहीं है, वरना मेरी हिम्मत बिलकुल जवाब दे जाती!...यह क्या है? मैं घड़ी के पास कहाँ पहुँच गया हूँ? यहाँ लीवर है क्या? यही लीवर है क्या?...लीवर...यही लीवर...अरे, लीवर टूटा हुआ है।...मैंने उस वक़्त कहा भी था कि लीवर कमज़ोर है, इसमें पीतल की मात्रा

ज़्यादा नहीं डालनी चाहिए थी। उसी वजह से यह जल्दी टूट गया है, यही लीवर है क्या?...हाँ, हाँ, यही लीवर है। यही...मुझे और कुछ नहीं चाहिए। लीवर मिल गया है। इसी को खींचकर तोड़ दूँ। यहीं पर घड़ी का भेद छिपा हुआ है। इसे तोड़ दूँ तो जैसे घड़ी का गला घोंट दिया। वह सदा के लिए मर जाएगी।...यह लीवर क्यों टूटा है?...अगर दो साल में लीवर टूट सकता है तो इस घड़ी को बनाने से क्या लाभ? मैंने क्या बनाया है? कोई नौसिखुआ भी घड़ी बनाएगा तो ऐसी बेवकूफ़ी नहीं करेगा...शायद यहाँ से टूटा है।...जेकब होता तो झट से बता देता, कहाँ से टूटा है, कैसे टूटा है। लीवर को मैं अपने जेब में रख लूँगा, एक निशानी के तौर पर। किसी को बताऊँगा नहीं कि लीवर टूटने पर घड़ी बन्द हुई है...मैं इसे अपने पास रखकर क्या करूँगा? मुझे लीवर से क्या लेना-देना! किसलिए अपने पास रखूँ?...

[सीढ़ियों पर क़दमों की आवाज़]

आदमी : हम क्या मदद करेंगे, हम जानते ही क्या हैं! हाँ, हानूश अन्धा है न, शायद इसीलिए। ठीक है, ठीक है। समझा।

[अन्दर आंता है। इधर-उधर देखने के बाद]

इधर तो बहुत कल-पुर्ज़े हैं। क्या यही घड़ी है? वाह-वाह, यह तो बहुत बड़ी मशीन है!

[हानूश को देखने के बाद उसकी ओर बढ़ता है। हानूश का हाथ पकड़कर :]

हानूश भाई, मुझे तुम्हारी मदद करने के लिए भेजा गया है। घड़ी बन्द हो गई। बहुत बुरा हुआ। इतनी मेहनत

से तुमने बनाई थी...अरे भाई, तुम अन्धे हो गए, यह भी बहुत बुरा हुआ। तुम्हारे साथ बहुत ज़ुल्म हुआ। जब हमें पता चला कि तुम अन्धे हो गए तो सच मानो, हमें बहुत दुख हुआ। हम कहें, हानूश अपनी घड़ी को अब देख भी नहीं सकेगा। घड़ी बन्द हो गई क्या? तुम्हें तो भगवान ने बहुत बड़ा हुनर दिया है। आँखें होतीं तो तुम उसे झट से ठीक भी कर लेते। हमसे जो कहो, हम करने को हाज़िर हैं। जब तुम्हें अन्धा किया गया तो मेरा छोटा भाई कहे—हाय-हाय, मेरी आँखें हानूश को मिल जाएँ। मेरी आँखें किस काम की। हानूश ने तो इतना बड़ा काम किया है। उसे तो आँखों की ज़रूरत है। हानूश भैया, तुम्हें नहीं मालूम, हम कितनी बार तुम्हारे हाथों में फूलों के गुच्छे दे गए हैं। सुबह तुम इधर आते हो न? हम उस वक़्त काम पर जाते हैं। हम और लोगों के हाथ तुम्हारे हाथों में फूल रख जाते थे। आज घड़ी के सामने तुमसे मुलाक़ात हो गई।...तुम चुप क्यों हो? दिल से दुखी हो न, इसीलिए।...तुम्हें इस घड़ी पर भी ग़ुस्सा आता होगा। जिससे मोह होता है, उसी पर सबसे ज़्यादा ग़ुस्सा आता है। बताओ, हम तुम्हारी क्या मदद करें?

हानूश : तुम कौन हो?

आदमी : तुम मुझे नहीं जानते हानूश! हम इधर ही रहते हैं, दस्तकार हैं। लोहारी का काम करते हैं।...तुम तो इन पुर्ज़ों को हाथ लगाते ही समझ जाओगे। यह तो तुम्हारे हाथ की बनाई चीज़ है। इसे तो तुमने जन्म दिया है, इसके तो अंग-अंग से तुम वाकिफ़ हो।

[हानूश घड़ी के पास जाकर उसे पकड़ता है। पहले तो पहिए को पकड़े रहता है, फिर उसे सहलाता है, उस पर हाथ फेरता है।]

आदमी : जिस रोज़ घड़ी लगी थी, हम दिन-भर यहाँ मीनार के नीचे खड़े रहे। हर बार जब घड़ी बजती तो हमें जैसे बिजली छू जाती। मैं कहूँ, कैसी करामात है! अपने-आप चलती है, अपने-आप बजती है।...

[हानूश इस बीच चक्करों को हौले-हौले हिलाने-चलाने लगा है। धीरे-धीरे घड़ी के प्रति उसका मोह जागने लगा है।]

हानूश : *(अपने से बात करते हुए)* यह छड़ कौन-सी है?...और, इसी से वज़न बँधा है। समझा!...मैं छोटे चक्कर के पास खड़ा हूँ।

आदमी : कुछ चाहिए? हम मदद करें? हानूश भाई, तुम रोज़ इधर बाग़ में आते हो न। हम रोज़ तुम्हें देखते हैं। हमने अपनी घरवाली से कहा—तुम देखना, हानूश कुफ़्लसाज़ ने ऐसी चीज़ बनाई है जो सदियों तक चलती रहेगी। हम-तुम यहाँ नहीं रहेंगे, हानूश भी नहीं होगा मगर हानूश की घड़ी हमेशा बजती रहेगी।

[हानूश थोड़ा-थोड़ा अपने-आप इधर-उधर चलने लगा है। कयास से पुर्ज़ों पर हाथ रखता है। किसी पुर्ज़े को पकड़कर हिलाता है। टिक्-टिक् की आवाज़ आने लगती है। उसे छोड़ देता है, टिक्-टिक् की आवाज़ बन्द हो जाती है।]

हानूश : सुनो जी, कौन हो तुम?

आदमी : कहो हानूश भैया, क्या है?

हानूश : इधर नीचे की ओर तो देखो।

आदमी : यह कुछ रखा है, कोई घड़ी का हिस्सा है क्या?

हानूश : उठाओ तो...*(हाथ में लेकर)* पेंडुलम है। लीवर टूटने पर पेंडुलम नीचे आ गिरा है। छड़ को ज़ंग लगा हुआ है।

मैंने पहले ही कहा था, यहाँ सीलन बहुत है, पुर्ज़ों को ज़ंग लग गया है। न जाने और क्या टूट गया है!

[नीचे झुककर पुर्ज़ों को टटोलता रहता है। फिर उठ खड़ा होता है और अपना दरबारी कोट उतारकर फेंक देता है और आस्तीनें चढ़ा लेता है।]

तुम्हारे पास कोई कपड़ा है? कोई चिथड़ा हो, ज़रा लाना तो...इधर औज़ारों का बक्सा रखा है, उसमें मिल जाएगा।...जिन पुर्ज़ों पर मैं हाथ रखूँ, उन्हें ज़रा पोंछते जाना। देखो, उन पर ज़ंग तो नहीं चढ़ा है...धीरे-धीरे, बहुत धीरे-धीरे, घड़ी के पुर्ज़े बहुत नाज़ुक होते हैं।...

[काम में खो जाता है।]

इधर, दीवार के पास तेल का एक बर्तन रखा है। उसमें चिथड़ा भिगोकर तो मुझे देना, जल्दी...

[धीरे-धीरे रोशनी मद्धिम पड़ती जाती है। खिड़की के बाहर हलका-हलका उजाला नज़र आने लगा है। हानूश काम में खोता जा रहा है। फेड आउट।
फेड ऑन होने पर दिन चढ़ आया है। अन्दर भी रोशनी ज़्यादा है। रोशनी के दायरे में कात्या हानूश के पास खड़ी है। हानूश आस्तीनें चढ़ाए मशीन पर झुका हुआ है, फिर माथे का पसीना पोंछकर उठ खड़ा होता है।]

हानूश : पहले तो मैंने समझा, कात्या, कि इसे किसी ने जानबूझकर तोड़ा है। मुझे शक था कि शायद गिरजेवालों ने शरारत की है। लीवर टूटा हुआ है। मुझे

यक़ीन है, इसे ज़रूर किसी ने तोड़ा है। घड़ी को तोड़ना क्या मुश्किल काम है? पर क्या मालूम, यह लीवर ही कमज़ोर निकला हो!...लगता है, हमें नया लीवर डालना पड़ेगा।

कात्या : *(अपनी डबडबाई आँखों को पोंछती है)* तुम फिर पहले की तरह बातें करने लगे हो, हानूश, मुझे अच्छा लग रहा है।

[हँसकर आँसू पोंछती है।]

हानूश : कात्या, तुम्हें एक बात बताऊँ...मैं तो यहाँ घड़ी को तोड़ने आया था। मैंने हथौड़ा उठाया भी मगर उसे चला नहीं पाया। कात्या, जब मैंने कमानी पर हाथ रखा तो तुम्हें क्या बताऊँ, मेरे सारे शरीर में झुरझुरी दौड़ गई। मुझे लगा, जैसे मेरा हाथ घड़ी के दिल पर जा पड़ा है—इसके बाद मुझसे घड़ी को तोड़ा ही नहीं गया...मेरा हाथ उठता ही नहीं था।...कात्या, यहाँ पर एक आदमी आया था। कहाँ गया?

कात्या : कौन था?

हानूश : मैं नहीं जानता, कौन था। कोई भोला-भाला-सा आदमी था। अधिकारी मेरी मदद के लिए उसे कहीं से पकड़ लाए थे। कोई लोहार था। मुझसे कहने लगा : 'तुम घड़ी के साथ कैसे रूठ सकते हो हानूश, तुम्हीं ने तो उसे बनाया है। बनानेवाला भी कभी अपनी चीज़ को तोड़ता है!' उसकी बातें सुनकर मुझे शर्म-सी महसूस होने लगी, कात्या। मैं अपने को बहुत छोटा महसूस करने लगा। और फिर, मैंने अपने लिए तो घड़ी नहीं बनाई थी न, कात्या, यह तो सबकी चीज़ थी। एक बार बन गई तो सबकी हो गई, मेरी कहाँ रह गई! मैं कहूँ, लोग तो मुझे घड़ी के लिए आशीर्वाद दे रहे हैं, मेरे हाथों

में फूलों के गुच्छे रख जाते हैं और मैं उसे तोड़ने जा रहा हूँ? यह कितनी ओछी बात है! मेरा दिल भर-भर आया कात्या, तुम्हें क्या बताऊँ!...

कात्या : वह आदमी नहीं आता तो भी तुम वही कुछ करते जो तुमने किया।

हानूश : और कात्या, मुझे लगने लगा, जैसे मैं घड़ी के एक-एक पुर्ज़े को देख सकता हूँ। वह अपने सभी कल-पुर्ज़ों के साथ मेरी आँखों के सामने फिर से आ गई है, जैसे पहले हुआ करती थी। और मुझे लगा, जैसे मेरे हाथ बढ़ाने भर की देर है और मैं जिस पुर्ज़े को छूना चाहूँ, छू सकूँगा। मुझे लगा, जैसे मैं अन्धा नहीं हूँ।...मैं भी कैसा हूँ, अपनी ही लगाए जा रहा हूँ। यान्का बिटिया कैसी है? जेकब लौटा या नहीं?...क्या सचमुच...*(धीमी आवाज़ में)* क्या सचमुच वह शहर में से निकल गया है? वह घड़ी का सब काम जानता है, सब समझता है। मेरे पास होता तो उसकी बड़ी मदद होती। लेकिन उसके बिना भी घड़ी ठीक कर लूँगा। वह शहर में से निकल गया, अच्छा ही हुआ।

कात्या : तुम कुछ खा लो। मैं तुम्हारे लिए खाना अभी लाई हूँ। बैठो-बैठो, थोड़ा खा लो।

[हानूश खाने पर बैठता है। कात्या उसके हाथ में लुक्मा तोड़-तोड़कर देती है। धीरे-धीरे रोशनी बुझ जाती है...।

फेड आउट।

फेड इन। मीनार के बाहर फिर अँधेरा है। अन्दर दो मशालों की रोशनी। रोशनी के वृत्त में बूढ़ा लोहार हानूश के पास खड़ा है। हानूश घड़ी पर काम कर रहा है।]

हानूश : घड़ी बनाने में बहुत-सी भूलें हुईं बड़े मियाँ! हमने कई बातों में जल्दबाज़ी की, वरना दो साल में घड़ी बन्द क्यों हो जाए? तुम एक काम करो!

बूढ़ा लोहार : कहो हानूश, क्या है?

हानूश : तुम एक बार उस बुज़ुर्ग हिसाबदान के पास जाओ। उनसे कहो, अगर आ सकें तो एक बार आ जाएँ, मैं उनसे मशविरा करना चाहता हूँ। अब घड़ी में एक-दो तबदीलियाँ लाना ज़रूरी हो गया है।

बूढ़ा लोहार : मुझे उम्मीद नहीं है कि वह आएँ।

हानूश : क्यों? आएँगे क्यों नहीं?

बूढ़ा लोहार : जब से तुम्हारी आँखें निकलवाई गई हैं, रियासत-भर में दहशत फैल गई है। सभी दस्तकार लोग घड़ी से दूर रहना चाहते हैं।

हानूश : आप भी बड़े मियाँ?

[सोच में पड़ जाता है।]

बूढ़ा लोहार : यह सवाल तुम मुझसे पूछोगे हानूश? न मैं घड़ी से दूर हो सकता हूँ, न तुमसे।

हानूश : *(ठंडी साँस भरकर)* नया लीवर बना लाए हो? मुझे दो। देखूँ तो! इसमें तो पीतल की मात्रा अधिक नहीं है न? आपने देख-परख लिया है न? आप नहीं आते तो मैं फिर मँझधार में खड़ा था, बड़े मियाँ...!

[मशीन पर झुक जाता है।
देर तक प्रकाश-वृत्त में हानूश की झुकी पीठ नज़र आती रहती है। दो-एक बार वह पसीना पोंछता है, फिर काम में खो जाता है। उसके पास खड़ा बूढ़ा लोहार उसे किसी-किसी वक़्त औज़ार देता रहता है।
फेड आउट।

फेड ऑन होने पर फिर से रोशनी हानूश की पीठ पर पड़ रही है।

थोड़ी देर तक हानूश घड़ी पर झुका रहता है, जब सहसा घड़ी की टिक्-टिक् सुनाई देने लगती है।]

हानूश : *(उठ खड़ा होता है। मशीन पर अभी भी काम करते हुए)* लगता है, मुझे सारी-की-सारी घड़ी नज़र आने लगी है। आँखों के सामने एक-एक पुर्ज़ा जैसे चमक रहा है। जेकब पास में होता तो उससे कहता—कहो जेकब, किस पुर्ज़े पर हाथ रखूँ? और सीधा हाथ उसी पुर्ज़े पर जाता। यह रही नई कमानी! ठीक है, ठीक काम कर रही है।

[घड़ी पर फिर झुक जाता है। बाहर पौ फट रही है। रोशनी घड़ी के हिस्सों पर भी पड़ने लगी है। फिर हानूश उठकर पेंडुलम के पास जाकर कोई पुर्ज़ा हिलाता है, जिससे सारी घड़ी हरकत में आने लगी है। टिक्-टिक् तेज़ हो जाती है। हानूश कपड़े से हाथ पोंछता है। सन्तोष का भाव उसके चेहरे पर आ गया है।

कात्या और यान्का भागती हुई अन्दर आती हैं।]

हानूश : कौन, कात्या?

कात्या : हानूश! मुझे अभी पता चला तो मैं और यान्का भागती हुई आई हैं।

हानूश : तुम आ गईं कात्या! यान्का बिटिया!

[घड़ी की टिक्-टिक् साफ़ सुनाई देती है। कमरे में रोशनी बढ़ रही है। वृत्त के पार पुलिस अधिकारी खड़ा है। पुलिस के दो अधिकारी

सीढ़ियों के पास खड़े हैं। दाईं दीवार के साथ पाँच-छह सिपाही खड़े हैं।]

कोई आया है, कौन हो सकता है? अन्धे आदमी को वक़्त का अन्दाज़ भी नहीं रहता।
लोगों को वक़्त बताता है और ख़ुद इतना भी नहीं जानता कि दिन है या रात!

[सीढ़ियों पर क़दमों की आहट]

कोई आया है। कौन हो भाई? लीवर टूटा पड़ा था और छोटे चक्कर के दो दाँते टूट गए थे, अब घड़ी ठीक चल रही है। मशीन है न आख़िर!

[घड़ी बराबर टिक्-टिक् कर रही है।]

अधिकारी : *(आगे बढ़कर)* जेकब का कहीं पता नहीं चल रहा है। कहाँ है जेकब? तुम्हें ज़रूर मालूम होगा।

हानूश : कौन है? क्या कह रहे हो, भाई? किससे कहते हो?

अधिकारी : हानूश कुफ़्लसाज़! तुम्हें ज़रूर मालूम होगा कि जेकब कहाँ पर है। उस शाम जब घड़ी बन्द हुई थी, जेकब यहूदियों की सराय में देखा गया था। कहाँ है वह? तुम्हें सब मालूम है।

हानूश : मुझे कुछ भी नहीं मालूम कि वह कहाँ पर है। मगर मुझे अब उसकी ज़रूरत नहीं रह गई है। घड़ी चलने लगी है। वह होता तो सचमुच मुझे बहुत मदद मिलती, मगर कोई मज़ायका नहीं, घड़ी को मैं जैसे-तैसे ठीक कर लूँगा।...

अधिकारी : हानूश कुफ़्लसाज़, तुम्हारी साज़िश पकड़ी गई है। तुम यहाँ से भाग जाने की साज़िश कर रहे थे। इस रियासत को छोड़कर दूसरी किसी रियासत में घड़ी बनाने जा रहे थे, सरकार की मनाही के बावजूद। बादशाह सलामत

के हुक्म की ख़िलाफ़वर्ज़ी कर रहे थे। बादशाह सलामत ने तुम्हें तलब किया है।

हानूश : *(ठिठक जाता है, फिर बड़ी आश्वस्त आवाज़ में)* महाराज का हुक्म सिर-आँखों पर। मैं हाज़िर हूँ।...घड़ी बन सकती है, घड़ी बन्द भी हो सकती है। घड़ी बनानेवाला अन्धा भी हो सकता है, मर भी सकता है, लेकिन यह बहुत बड़ी बात नहीं है। जेकब चला गया ताकि घड़ी का भेद ज़िन्दा रह सके, और यही सबसे बड़ी बात है।

अधिकारी : तुम्हें अपनी सफ़ाई देनी हो तो बादशाह सलामत के सामने देना।

हानूश : मैं अपनी सफ़ाई नहीं दे रहा हूँ। मुझे अपनी सफ़ाई में कुछ भी नहीं कहना है। *(आश्वस्त भाव से)* इस लम्बे सफ़र का एक और पड़ाव ख़त्म हुआ, कात्या। न जाने अभी कितने पड़ाव बाक़ी हैं। पर तुम चिन्ता नहीं करो कात्या। घड़ी चलने लगी है।

मुझे कोई अफ़सोस नहीं, किसी बात की भी चिन्ता नहीं। अब मुझे विश्वास है, घड़ी बन्द नहीं होगी। कभी भी बन्द नहीं होगी। *(अधिकारी से)* मैं तैयार हूँ। जहाँ मन आए, ले चलो।

[सिपाही हानूश को पकड़कर सीढ़ियों की ओर ले चलते हैं। घड़ी बजने लगती है। हानूश रुक जाता है, मुड़कर घड़ी की टन-टन सुनता है। उसकी आँख में आँसू चमकता है, वह मुस्कुरा देता है और घड़ी की टिक्-टिक् के बीच मुड़कर सीढ़ियों की ओर चल देता है।]

[पर्दा गिरता है।]

●●●